スター
おすすめられ
シネマ

河原 雅彦

アナタ色に
染めてほしいの…

日之出出版

はじめに

どうも、河原です。

えー、この本はですね、『CINEMA SQUARE』という今をときめく人気俳優さん達が出演された最新映画をビシバシ紹介する、とってもキラキラした映画誌での連載を一冊にまとめたものです。

当時の担当さんに**「どんな内容にしましょうか？」**と持ちかけられた時は、これまで経験がなかった対談形式の連載をリクエストしましたが諸事情でなかなか難しいとなり、で、僕から代わりに提案させていただいたのが、**「自分の偏食気味な映画鑑賞癖を、人気者達に変えてもらいましょう！」**という、良く言えば前向きな、悪く言えば非常に調子のいい、さらに悪く言えば完全に他力本願な、ことわざを使えば〝他人のフンドシで相撲を取りまくる〟という、とにかくそんなアイディアでした。

物心ついた頃から偏った映画ばかりを好んで鑑賞し続けてきた僕ですが、**「ひょっとしてこれまで食わず嫌いだったのでは…？　感性豊かな俳優さんのおすすめ映画を観れば、凝り固まった僕の脳みそを刺激してくれる新たな発見があるかも知れない」**と思ったのですな。

そんなこんなで、この本は完全に僕個人に向けられた自己啓発本と言っても過言はないです、ハイ。しかも、連載後半では僕が会いたい人達との対談まで次々と実現しちゃって…もうね、俺得以外のなにものでもないわけで。

それがこうして一冊の本にまとまったわけですから、こんなに喜ばしいことはありゃしません。

けど、そんな本にどこのどなたが興味を持つのやら…そればかりが今の悩みの種。

まあ、見方を変えれば、皆々様が気になる有名人のフェイバリットムービーがご本人による解説付きで一気に知れるわけですから！

好きな映画を一本に絞り込むってなかなか大変な作業でしてね、その一本にその人がよぉく表れると思うと、とっても興味深くありませんか？？？

クセの強い映画に興味があられる方だって、この本を読めば僕推薦のカルト映画を知れるわけですしね。

と、最後の最後まで他力本願寄りなセールスポイントを書かせていただいたところで、早い話が、どうぞ好き勝手にお楽しみ下さいませ。

河原雅彦

Contents

EPISODE 0
履歴書編

河原雅彦
Masahiko Kawahara

河原雅彦
おすすめ DVD

『死霊の盆踊り デラックス版』

発売中／DVD ¥4,700+税
発売元：ジャパンホームビデオ
販売元：ジェネオン・ユニバーサル・エンターテイメント

読者の皆様、お初にお目にかかります。

俺です、河原雅彦です。

「誰だ？」とかそういう基本的な話はやめて下さい。

そういう話に付き合ってる暇はないんです。

今、俺は燃えてるんです。火だるまなんです。

では、そんな俺からさっそく企画説明をさせていただきますと、新連載のお話をいただいた際、電光石火で俺の脳裏に浮かんだ企画がコレ！

「コレって何だ？」とかそういう基本的な話はやめて下さい。ヘドが出ます。

とはいえ、書かないでは話がとんと進まないので泣く泣く書きますが、要はアレです、シネマファンを自負する俺を長年に渡って苦しめている、とある悩みをこの機会に解消したいと思うのです。

「で、早い話がなんなんだ？」とかそういうことを思うせっかちなアナタなんか、

蝋人形にしてやろうかっ！

などと使い古されたフレーズで毒づき、初回から読者の皆様を敵に回す意味が自分でもよく分からないので話をじゃんじゃん進めますと、要はアレです、これまでの映画鑑賞人生において、俺ってば、非常に偏った趣味の映画しか愛してこなかったのです。

例えばそれはホラー映画。

ＭＹ ＴＳＵＴＡＹＡと勝手に呼んでいる自室の巨大なＤＶＤ棚の大半は、このジャンルで埋め尽くされています。

家に遊びに来る友人達は軒並みドン引きです。

『三丁目の夕日』は見てなくても、『エルム街の悪夢』は全シリーズ観ているし、『フラガール』

なんかより『死霊の盆踊り』の方が断然好きなんです。

なんかスカっとするんです、人の手足が飛ぶと。

なんか気持ちが落ち着くんです、ゾンビの大群見てると。

とはいえ、タイやパキスタンのマニアックなB級ホラーまで観漁っている始末ですから、ほとんど病気に近いと思うんです。

あと邦画では、昭和の匂いでむせ返るトゥーマッチなカルト映画が大好物です。

おっぱいプルンプルンさせながら仁義を切り合う女番長シリーズや、千葉真一主演のおバカ・カンフー映画、スプラッター時代劇で有名な座頭市や子連れ狼、梶芽衣子主演映画ももちろん網羅してますし、エロエロ満載の日活ロマンポルノまで幅広く…いや、むしろ幅狭く愛しています。


だが、しかし。

最近になって、「それじゃいかん!」と思い始めてるんです。

シネマを愛する者として、もっといろんなジャンルの映画を観なければ…と切実に思うようになったんです。


つか、このままじゃ完全にモテないじゃないですか?


初デートで、「最近観た映画は?」ってきかれて、「うん、『死霊のえじき』」では、到底愛されないじゃないですか。

一度でいいから、「うん、『クローズZERO』」とか涼しい顔で言いたいんです。

だから、だから、こんな偏った俺に、どなたか素敵な映画をすすめてもらえませんか?

ラブコメでも青春モノでも社会派でもアート系でもなんでも構いません。

さながら人造人間のごとく、

どうか普通の体に戻して下さい！

と心から叫んでみせる俺なのです。

さて、そんなこんなで次号から、日本映画界で活躍している俳優さんや監督さんから、「これを観ずして何を観る！」ぐらいの勢いでおすすめシネマを一本紹介していただき、その人色に思いっきり染めてもらおうかと。

これってナイスなアイディアでしょ？

だって、好きな映画を共有するってちょっぴり恋人気分も味わえるし、例えそれが男でも軽いゲイ気分を楽しめそうじゃないですか。

では、シネマフリークス・河原雅彦、一世一代の心の旅レポートが始まります。

ここまで人は変われるんだ！　ってところが見所ですかね、一応ね。

『死霊の盆踊り』

史上最低監督エド・ウッドが脚本を手掛けた超絶カルトホラー。死霊も出なけりゃ盆踊りも出てきません。ただ墓場で巨乳美女の裸踊りが延々繰り広げられるのみ。どうでもいい友人にはちょっとした悪意を込めてこのＤＶＤをよくプレゼントします。

EPISODE 1

山田孝之
Takayuki Yamada

●プロフィール
やまだ・たかゆき
'83年10月20日生まれ。鹿児島県出身。
最近の主な出演作に、
映画『土竜の唄 潜入捜査官REIJI』『闇金ウシジマくん Part 2』『MONSTERZ モンスターズ』、
ドラマ「闇金ウシジマくん Season 2」「信長協奏曲」など。
今後、出演映画『新宿スワン』が春に、『バクマン。』が10月にそれぞれ公開予定。

山田孝之さんおすすめ DVD

『アクロス・ザ・ユニバース』

参りました、希望を感じました、とにかくたくさん言いたいけど言いたくない。消してくれる、導いてくれる、観てない人には自信を持ってすすめるし、観た人はこれで伝わると思う。

ただありがとうと言いたい。

発売中
DVD ¥1,410+税
発売・販売元：㈱ソニー・ピクチャーズ エンタテインメント

読者の皆様、このクソ暑い不快な夏、いかがお過ごしとか**もはやどうでもいいや。**

俺です、河原雅彦です。

さて、前号から始まりましたこの連載。

ホラーからロマンポルノまで非常に偏った映画しかこれまで愛してこなかったマニアックな自分を矯正すべく、日本映画界でご活躍の方々からおすすめの一本を募り、そのひと色に染めてもらおうという**甚だ他力本願な趣旨**だったりするのよね。

「こんなチンピラ演劇人の戯言を誰が真に受けてくれるのかしら…?」

と、ぶっちゃけ半信半疑なところもあったけど、な、な、なんと記念すべき第1本目から、恐縮しちゃうぐらい素敵な御人から御指南いただけました!

新作『MW-ムウ-』で玉木宏さんとのW主演を務めます二枚目俳優・**山田孝之さん**です。

や、俺ね、彼とは骨の髄まで全然面識無いわけ。

この連載を通して初めてのお仕事(?)なわけ。

でも、やっぱ映画っていいね! 素晴らしいね!

「必見の映画を教えて下さい!」って一言で、こんなにあっさりつながれちゃうんだから。

で、そんな彼からおすすめされた映画がコレ。

ジュリー・テイモア監督作品『アクロス・ザ・ユニバース』

〝33曲ものビートルズ・ナンバーがつむぐ至極の青春ラブストーリー〟ってことで、なんだか無性にいい感じ。

つか、映画本編の使用曲全てがあのビートルズ・ナンバーだよ?

いい感じ過ぎて、DVDデッキにディスクを挿入する時点で異様にソワソワしちゃったさ！

だって、〝ラブストーリー〟なんて普段、まっっっったく観ないもの。

血とかブシューって出ないんでしょ？　首とかスパーンって飛ばないんでしょ？　「この売女！」って全裸の娼婦をビンタするごくつぶしも出ないんでしょ？

そんな映画に俺、耐えれるの…?!

って、観る前はめちゃめちゃ緊張しきりですよぉ。

…でも、でもね。


俺、素直に感動しちゃったや。

感動し過ぎて、見終わってすぐにＡｍａｚｏｎでこの映画のブルーレイディスク**購入しちゃったや。**


時に甘く、時に切なく、時にパンクで、時に残酷、そして時に人生全ての機微を詰め込んだビートルズの楽曲が持つその深遠な魅力も然ることながら、一曲一曲をストーリーに絡めたその演出が異常に素晴らしいのね、この作品。

音楽劇ともミュージカルとも一口に言えない切り口だけど、登場人物の背景に各名曲群を見事なまでにリンクさせ、目を見張らんばかりのテンポとため息漏れんばかりにエッヂが効いた展開、そして計算し尽くされた映像美で物語がグイグイ進んでさ、ナンバーを歌う登場人物もみんながみんな超魅力的なわけ。

やー、しかしこの監督、ただの一曲も安易にビートルズを使ってないわ。

むしろ最高のリスペクトを感じるわ。

いつもは、「やっとの思いでピンチを脱した主人公が最後のドンデン返しで未曾有の不幸を味わう」的なイヤ〜な後味の映画が大好きだけど、この映画観てる時が初めてです、「ハッピーエンドじゃなくちゃイヤ！！！」って思ったの。

EPISODE 1 山田孝之 Takayuki Yamada

ラストで主人公が無人の屋上で、「ALL YOU NEED IS LOVE」を歌い出した日にゃあ、思わず涙しちゃったよ。

鬼の目ならぬ、**マニアの目にも涙…。**

や、この監督、天才！ そんで、これ紹介してくれた山田くんはもっと天才！

見事に俺の**〝バッドエンドしか和めないヴァージン〟**を破ってくれました！

もう、アレね。〝山田くん〟なんて他人行儀ね。

これからは勝手に〝タカユキ〟って呼ばせてもらうわ。


あ〜ん、抱いて！ 抱いて、タカユキ！


…さて、あんまり調子こいてっと、そのうち誰かに怒られそうなのでそろそろ締めようかと。

今回のお礼に俺からもタカユキに超ハッピーエンドな一本をおすすめするわ！

言わずと知れたスタンリー・キューブリック監督の名作

『時計じかけのオレンジ』

ラストは、金髪女を裸にむいてありったけの乱暴を振るっちゃいるけど、これはこれで最高にハッピーエンドよ。

未見なら観てみて！ 観たことあるならラストだけでも観直して！

で、イヤ〜な気分になったら一緒に『アクロス・ザ・ユニバース』観ちゃおうよ、タカユキ！！！

河原お返し DVD

『時計じかけのオレンジ』

発売中／DVD ￥1,429＋税
発売・販売元：
ワーナー・ホーム・ビデオ

今、振り返って…

山田くんは僕の好きな俳優の３本指に入る俳優なので、光栄でしたし、いい滑り出しだったんじゃないでしょうか。そして、『アクロス・ザ・ユニバース』がまた素晴しい映画でしたね。すぐBDで買い直して、人にも貸したりすすめたりして。山田くんのお陰で、この連載、面白くなりそうだ、と思わせてくれました。お返しムービーは、どのあたりをすすめるのが読者にとっていいのかを探り探りの時で、『時計じかけのオレンジ』あたりがいいんじゃないかと思ったんです。マニアックに行ってもいいし、スタンダードでもいいし。舐められないように…とか、色んな想いが混ざった『時計じかけのオレンジ』でした。

EPISODE 2

大森南朋

Nao Omori

●プロフィール

おおもり・なお

'72年２月19日生まれ。東京都出身。

主な映画出演作に、『小野寺の弟・小野寺の姉』『神さまの言うとおり』『寄生獣』など。

待機作に、映画『さよなら歌舞伎町』（１月24日公開）、『寄生獣 完結編』（４月25日公開）、『S-最後の警官-THE MOVIE』（'15年公開）などがある。

大森南朋さん おすすめ DVD

『アイデン&ティティ』

音楽青春映画の金字塔。
トモロヲさんの才能爆発。
今でもそしてこれからも
たまに心のなかで呟くのです。
『やりたいことをやるだけさ』
ありがとう
アイデン&ティティ。
河原さん。
いつぞやはいきなり
キスしてすいません。
観ているとは思いますが
また観てください。

発売中
DVD ¥2,500＋税
発売・販売元：東北新社

読者の皆様、ニーハオ。連載も三回目を迎え、いい加減覚えていただきましたでしょうか？

俺です、河原雅彦です。

ホラーから口マンポルノまで偏り過ぎた映画しかこれまで愛してこなかったマニアックな自分を矯正すべく、日本映画界でご活躍の方々からおすすめの一本を募り、そのひと色に染めてもらおうという**説明するのもマジでうざったい**この企画。

今回のゲストはなんだかいろんな話題作に出演しまくっている人気実力派俳優・**大森南朋くん**です。

…南朋くんねえ。

彼のコメントにもありますが、あれは何年前になるかしら…？　深夜、新宿のどこぞの飲み屋に入ったらば、偶然居合わせた彼はすでに泥酔状態でして。それまで軽く挨拶を交わす程度の仲だったのに、南朋くん、いきなり俺に濃厚なキスをかましましたね？

〝三度の飯よりギャル好き〟な自分にとって、それは初めてのメンズとの接吻…。

思いっきし破かれましたよ、俺的処女膜が！

最初こそギョッとなったけど、次第にそっと目をつむりましたよ。

「あ、おひげがチクチクする…」って一瞬乙女になっちゃいましたよ。

そんなメガトン級な動揺させといて、しれ～っと「いきなりキスしてすいません」**じゃないわよ！！！！**　アンタにとっては行きずりのキスでもねぇ、アチキにとってはいまだに忘れられないオンリーワンのキスなのよ？

あれ以来、テレビや映画でアンタの姿を見るたびに、無性にドキドキしちゃう俺だからして、そんなアナタ色に染まれるなら**本望ですたい！**

…と、なぜか博多弁で熱弁を振るい終えたところで、南朋くんご推薦の映画は、

田口トモロヲ監督作品『アイデン&ティティ』

あー、観た観た。これ、かな〜〜り前に観たことあるよ。ライブ中、炊きたての白米の上にいきなり脱糞かますなど数々の伝説を残した日本を代表するハードコアバンド・ばちかぶりのボーカリスト、**田口トモロヲさん初監督映画**ですもん。しかも、ジャンルは大好物なロックもの。マニアックを自称するオイラがチェックしてないハズ、ないですやん！

でも、もちろん喜び勇んで観直しましたさ。なにせ愛しの南朋くんからのリクエストだもん。おまけに南朋くん、ガツン！とベーシスト役で出演してるしね。映画は好みだわ、ダーリンが出てるわで、一粒で二度美味しいとはまさにこのことっス！

で、改めての感想だけど、やっぱ**最高にしみるわぁ。**ロックを題材にした映画は星の数ほどあるけれど、『アイデン&ティティ』ほどダイレクトに心に刺さる作品はないんじゃないかなぁ。しかもチクチク刺さる的な生易しい感じじゃなく、**あくまで鈍痛。ずっど――んって感じのずっど――んシネマ。**

大まかに要約すると、バンドブームに踊らされた冴えないバンドマン達がどうかと思うぐらいの試行錯誤を繰り返しながら、自分らしい生き方を見つけていくっていうなんとも青臭いストーリーなんだけど、とにかく愚直なまでに単細胞でイカ臭い主人公を演じる銀杏BOYZの峯田和伸くんが素っっっ晴らしい！　彼のダメダメさ、狂おしいほどの葛藤、誠実なロック魂、ヒロインへの愛情…それら全てが実にリアルで、そして全てが愛おしい。

この映画で語られる〝ロック〟は、どこにでもいる等身大の若者の〝生き様の選択〟とイコールなのな。そういう意味で、これは立派な青春映画でもあるわけ。

ロックを志す誰もが清志郎みたいには生きられない。生放送の歌番組でいきなり放送禁止用語を連発したその生き様はスゲーよ、カッコいいよ、まさにロックンロールだよ。

でも、それは選ばれた才能だけが許される境地であって。

でも、ロックを奏でる権利はロックを愛する者、みんなにあって。

だから、瞬間瞬間、自分に正直な音をかき鳴らし、言いたい言葉をメロディーに乗せて心を込めて歌うだけ。

ねっ？　これって人生に通じると思わない？

さあ、素敵な映画を観直すチャンスをくれた南朋くんに、マニアック雅彦からお返しの一本。

『スパイナル・タップ』

伝説のハードロックバンド〝スパイナル・タップ〟（もちろん架空）による北米ツアーの珍道中を、やっぱり架空のドキュメンタリータッチでお送りするこの作品。実在のバンドが起こしたおバカな事件を盛り込みつつ、音楽業界のデタラメさを痛快に皮肉った爆笑ロックムービーであります。ま、同じマニアックな匂いがする南朋くんなら観たことあるかもしんないな。

ああ…一緒に観れたらいいんだけど。

でも、その時はちゃんとおひげ剃っとくこと。

わかった？　南朋くん！

河原お返しDVD

『スパイナル・タップ』

発売中／DVD ￥1,429＋税
発売・販売元：
ジェネオン・ユニバーサル・エンターテイメント

今、振り返って…

最近はお会いしてないですけど、大森さんは一時期飲み屋でよくお会いしてたんです。偶然でしょうけど、大概泥酔している時で(笑)。『アイデン＆ティティ』は、若者のアンセムみたいな、好きな人がすごく多い作品。宮藤官九郎さんが脚本を書いてるんですけど、彼は、当時から面白いものを書く人で、この作品のインディーズノリな感じも面白かったです。染まると言うよりは、自分のルーツに近いものをおすすめしていただいた感じがあります。お返しは、バンド作品にはバンド作品で。内容はバンドのツアーを追っ掛けるドキュメンタリー風に描いていて。よくありそうな、メンバー間のイザコザとかを全部揶揄したような、"こうだわ、あるある！"っていう感じのやつ。これはかなりうまく返せたと思います。

EPISODE 3

山本裕典

Yusuke Yamamoto

●プロフィール

やまもと・ゆうすけ

'88年1月19日生まれ。愛知県出身。

'06年に俳優デビュー。

主な出演作に、映画『桜蘭高校ホスト部』『貞子３D』『貞子３D2』『コドモ警察』『RETURN』、ドラマ「GTO」「黒服物語」など。

出演映画『悼む人』が２月14日に公開。

山本裕典さん おすすめ DVD

『レインマン』

あまりにも自然体の中で、ゆっくりと兄弟の絆を確かめ合っていく様は本当に感動します。あと、キャスト陣の演技力にも圧倒させられます。

いつか、河原さんと機会があってお仕事ができることを楽しみにしています。

とにかく“山本裕典”、日々“芝居”に向き合っていきたいと思います!!

発売中／DVD ￥1,419＋税

発売・販売元：20世紀フォックス・ホーム・エンターテイメント

読者の皆様、おはこんばんちは。

ちゃんと毎号、読んでもらえているのでしょうか?

心配で最近夜も眠れぬ、**俺です、河原雅彦です。**

嘘です。めっちゃ寝てますガーガー寝てます。

さて、ホラーからロマンポルノまで偏り過ぎた映画しかこれまで愛してこなかったマニアックな自分を矯正すべく、日本映画界でご活躍の著名人からおすすめの一本を募り、そのひと色に染めてもらおうという企画。

今回のゲストは今をときめくイケメン人気俳優・**山本裕典くん**です。

やー、どうもどうも初めまして、山本くん。

誌面で挨拶して本人に届くとは思えませんが、俺、山本くんとはまるで面識ないのよね。

なもんで、せっかくだから山本くんのこと何気に調べさせてもらったのですけど…

まっ、カワイイのねっ!!!

ちょっぴりワイルド、だけど笑顔はとってもスウィート。

さすがジュノン・スーパーボーイ・コンテストでフォトジェニック賞に輝いただけのことはあるわ。

写真写りの悪さには定評がある俺なんかとは生き物的に真逆よ、真逆!

カメラに向かってどんなに爽やかな笑顔作っても、基本、**どよ〜〜ん**ってなっちゃうもの。

アンチ・フォトジェニック賞だったらもらえる自信、あんだけどなぁ。

あるわけないよなぁ、そんな残念な賞。

こうなったら山本色にバッチリ染めてもらって、俺もフォトジェニックな男に変貌するしかないやね! っつうことで、山本くんご推薦の映画は、

アカデミー賞4部門に輝く珠玉の名作『レインマン』

わー、こりゃ絶対自分からは観ないわ。

だって、レインマンっつったら、名優・ダスティン・ホフマンとトム・クルーズが魂で織りなす、いわずも知れたヒューマンドラマの傑作だしょ？

常々、ヒューマンとは程遠い…つか、**ヒューマンを殺しまくったり犯しまくったり**してる映画に究極の癒しを求める俺からは一番遠いジャンルじゃん。

で、で、で、でもね…。

頑張って観ましたよぉ。がぜんフォトジェニックになりたいですもん。

こんな薄汚れた俺だって、人並みにがっつり泣きたい感動したい！

40歳にして真人間に生まれ変わりたい！

け、け、け、けどね…。

いつ感動していいか分からぬうちに、気付いたら**エンドロール流れてましたん。**


アララ、おかしいなぁ。

欲にまみれた無慈悲な弟(トム)が父親の死をきっかけに、それまで知らされていなかった自閉症の兄(ダスティン)と出会い、気が乗らない旅を続けるうちに2人は心を通わせていく…的なストーリーって、もう完っっっ全にイイ話だと思う。

おまけに俳優陣も終始素晴らしい名演を見せてくれているわけで、感動するには申し分のないお膳立てが**これでもか！**　って勢いで出来ている。

そう頭では分かっていても、やっぱどこでジーンってきていいのか分かんなかった俺は、も

EPISODE 3 山本裕典 Yusuke Yamamoto

はやアンチ・フォトジェニック以前に、人間的に欠陥だらけの**アンチヒューマン**なんじゃなかろうか？

ああ…本気で軽く落ち込んじゃったよ。

すまんね、裕典くん。**アナタ色に染まれなかったわ…。**

が、しかし！！！

この映画をすすめてもらったことは決して無駄にはいたしません！

今回、裕典くんは非ヒューマンな俺に改めて大いなる課題を与えてくれたわけですよ。

絶対もう一度観直します！

そしてこの連載が終わる頃には、必ずやレインマンでうるうる感動出来る素直な心を取り戻したいと固く心に決めた俺なのでした。


さあ、そんな裕典くんに感謝の気持ちを込めてお返しの一本。

『フロム・ダスク・ティル・ドーン』

俺的に兄弟モノの傑作と言ったらコレ！　弟思いのやさぐれギャング（ジョージ・クルーニー）とバカみたくキレやすい下衆な弟ギャング（クエンティン・タランティーノ）が織りなす**超ハードボイルド・ゾンビムービー。**

裕典くん…こんなのに感動しちゃう俺をどうか見捨てないでやって下さいませ。

河原お返しDVD

『フロム・ダスク・ティル・ドーン』

廃盤

今、振り返って…

『レインマン』は色んな意味でいちばん印象に残っている作品ですね。あまりにも自然体な中で、兄弟の絆を確かめ合っていく様は本当に感動します。でも、普段、自然体と真逆な映画ばっかり観てるから、その辺の機微が全く理解できなかった…(笑)。そして、こういう作品の良さが分からないっていう落ち込みもありました。もう確立されている自分を感じ、"俺、染まれない"って…。そこがこの連載の面白さですかね。お返しは、兄弟ものに掛かってます。この作品は、不自然きわまりないものの連続のクライム・ムービーで、それだけで観ても相当面白いのに、急にゾンビものになるんです。…『レインマン』は50、60歳くらいになったら観直して、死ぬまでに分かればいいかなって。僕にとっての課題です。

EPISODE 4

北乃きい

Kii Kitano

●プロフィール

きたの・きい

'91年3月15日。神奈川県出身。

'05年に芸能界デビュー。以降、女優、歌手として活躍。

主な出演作に、映画『僕は友達が少ない』『ザ・テノール 真実の物語』など。

現在、情報番組「ZIP!」(日本テレビ系)に総合司会として出演中。

待機作に、映画『先生と迷い猫』(秋公開)などがある。

北乃きいさん おすすめ DVD

『ドリームガールズ』

歌とダンスがとにかくすごい！
ビヨンセはもちろん、敵対するエフィ役のジェニファー・ハドソンが迫力満点です。鳥肌が立ちます！
河原さんもぜひ、楽しんでもらえると嬉しいです。

発売中／DVD ￥1,429＋税
発売・販売元：パラマウント ジャパン

読者の皆様、うんこちんちん！

急な下ネタでアイム・ソー・ソーリー。

いよいよもって読者との距離感が分からなくなってきた、**俺です、河原雅彦です。**

なにせ締め切りに追われつつこの原稿書いてるもんで、若干テンパってるのな。

寝ているうちに小人が原稿書いといてくれるといいなぁ…って昨晩も眠りに就いたんだけど、起きたらやっぱ原稿進んでなくて、いるハズもない小人に「使えねえなあ」って毒づきながら現在パソコンに向かってるのな。

おしっこ、しーとかおなら、プー！　ぐらい言ってなきゃ、こちとらやってらんないですよ！

ああもう、心は小学生低学年ですよ！

…と、一方的にこちらの切羽詰まった心境を吐露したところで唐突に本題。

『マニアックな映画しか愛せない己を矯正すべく、誰かさんからおすすめの一本を募り、そのひと色に染めてもらおう』というこの連載。

今回のゲストは話題作『ＢＡＮＤＡＧＥ　バンデイジ』で、抜群に切ないヒロインを抜群に素敵に務めた北乃きいちゃんです。

どうも、初めましてきいちゃん！

君は美少女に生まれただけでは飽き足らず、今や映画界期待の若き演技派女優でもあるわけで、本来こんな幼稚な下ネタで始まるドアホな連載にお越し下さる方では絶対ないよね？

君から見たら、俺、**ドブ**だよね？　灰色オーラの**ドブおっさん**だよね？

けど、ドブおっさん、頑張ってみるよ。

よろしくね、きいちゃん！！！

そんなこんなで、今回きいちゃんに推薦してもらった映画は、

ビヨンセ主演作品『ドリームガールズ』

や、文句無しに面白かった！　ドブ、洗浄された！

ブロードウェイの大ヒットミュージカルを、豪華キャスト陣でドカン！　と映画化した超ゴージャスなエンタメ作がコレ。

ストーリーは『1960年代にスターを夢見た黒人田舎娘トリオによるサクセスストーリー』という至ってシンプルなものなんだけど、華やかなショービズ界の裏側に潜む確執や裏切り、挫折といった人間ドラマは実に生々しく、どうかと思うぐらいエグいのよ。

それもそのハズ。だって、この物語ってモータウン・サウンド興隆期を支えた〝シュープリームス〟の実話を脚色して作られてるんですもの。

華やかさが半端ない分、どこまで堕ちるんだ…って思わず胸が痛くなるエピソード満載なんだけど、とはいえ、そこはあのダイアナ・ロスが在籍していた伝説の女性コーラスグループ。魅力的なナンバーと身がよじれんばかりに素晴らしいショーの数々で、より一層の感動を観るものに与えてくれちゃいます。

これで初めてビヨンセをちゃんと見たけどホント圧巻ねっ！　オーディション上がりの新人ながらアカデミー賞最優秀助演女優賞を獲得したジェニファー・ハドソンの歌唱力と存在感も確かに圧巻だけど、むしろストーリー前半、地味なキャラクター設定でバックコーラス役に徹するビヨンセの存在の消し方に自分は感服、感服の嵐！

なにせ、ビヨンセよ？

放っておいてもダダ漏れのあれだけの華を隠し切るのって、例え眼鏡にそばかす、出っ歯に

ハゲヅラつけたところで、絶対無理があるじゃない？

それをビヨンセはさらっと演じ切ってるわけ。で、物語中盤から一気にスターダムに駆け上がり、華々しくリードボーカルを取るビヨンセのオーラといったら、その本領発揮ぶりに観てるコッチは完全にノック・アウト！

シンガーとしてもエンターテイナーとしても女優としてもマジで超一流だよ、ビヨンセ！

渡辺直美の比じゃないよ！　そんなの当たり前だけど！


さてさて、すっかりきいちゃん色に染まってまっきっ黄になった心は、大いなる感謝を込めてこの映画を紹介します。

ラス・メイヤー監督作品『ワイルド・パーティー』

売れない金髪美少女ロックバンドが、ハリウッドで体験するセックス&ドラッグ&ロックンロール&バイオレンス、そして&爆乳な超絶カルト・サクセスストーリー。

結局美少女、みんな死んじゃうけど気にしないで！


この映画、今や俺の中では完っ全に裏ドリームガールズってことになってます。

河原お返しDVD

『ワイルド・パーティー』

レンタル中
発売・販売元：20世紀フォックス・ホーム・エンターテイメント

今、振り返って…

北乃さんは、出演舞台「サイケデリックペイン」を見せていただいたんですが、すごく良かった。真面目なんだろうなという印象があります。すすめてくれた『ドリームガールズ』はいい映画でした。現実で色々と思い悩むこともあるだろうに、『ドリームガールズ』っていうのが、またなんかいい。僕のお返しの『ワイルド・パーティー』は、バンドもので、"なんじゃこりゃ"っていう映画なんですけど、傑作だと思います。とにかく、車と巨乳しか出てこないアメリカの娯楽映画。分かりやすいし、音楽がカッコいいんですよ。これも北乃さんに観てもらいたいです。とにかく毎回本気でお返しムービーをすすめてます。

EPISODE 5

桐谷健太

Kenta Kiritani

●プロフィール
きりたに・けんた
'80年２月４日生まれ。大阪府出身。
'02年に俳優デビュー。
今後の待機作に、映画『くちびるに歌を』（２月28日公開）、『種まく旅人～国生みの郷・淡路島（仮）』（春公開）、『GONIN サーガ』（秋公開）、『バクマン。』（10月公開）、ドラマ「永遠の０」（テレビ東京系）などがある。

桐谷健太さんおすすめ DVD

『イレイザーヘッド　デイヴィッド・リンチ リストア版』

もう頭の中はぐちゃぐちゃ、自分がミンチにされても答えは出ない。そんなところが好きです。

デイヴィッド・リンチ好きの河原さんなら絶対知ってるか（笑）。

みなさんに見どころをぜひ!!

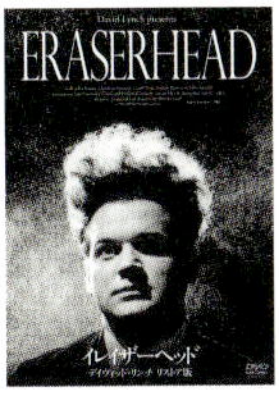

発売中／ DVD ￥1,429＋税
発売元：コムストック・グループ
販売元：パラマウント・ジャパン

ハロー、ハロー、読者の皆様！

先日、人間ドッグにて**3年連続胆のうポリープ**と診断されました、**俺です、河原雅彦です。**

まあ、言うてもいい加減おっさんですからね。なんかかんかポリプりますよ。検便の便取りがなかなか上手くいかなくて、一人トイレで途方に暮れるような残念おっさんではあるけれど、これからも健康第一でめっちゃ頑張ります！

そんなこんなで、春から金玉ぎゅっと引き締め、さっそく本題をば。

『マニアックな映画しか愛せない己を矯正すべく、誰かさんからおすすめの一本を募り、そのひと色に染めてもらおう』というこの連載。

今回のゲストは『ROOKIES』の愛すべき三枚目・平塚役でもお馴染み、様々な話題作で幅広いキャラクターを見事に演じ分ける人気実力派俳優・桐谷健太くんどえす。

やー、桐谷くん、はじめまして！

君のことをもっと知りたくて、桐谷健太オフィシャルサイトに行ってみたんだけど、特技の欄にさらっと『**妄想**』ってあるのな。

あのねー、それ本当に特技だとしてもねー、わざわざ特技の欄に書いちゃダメでしょー。人生の先輩から一言いわせてもらうと、せめて趣味の欄になさいっ！

『**特技が妄想**』って、それどこに活かすの?!

もし今後、ハリウッドのオーディションを受けるチャンスがあるとしてよ?

君、確実に書類で落とされちゃうよ。

万が一、面接までこぎ着けたとしてもよ?

自己アピールの場で急に直立不動でアッチの世界に行かれたら、監督さん、めっさ困っちゃうって！

ま、**『趣味が妄想』**って人も、暇さえあればエロいことばっか考えてそうで、むしろどうかと思うけど。

さて、そんな桐谷くんが今回俺に紹介してくれた映画は、

デイヴィッド・リンチ監督作品『イレイザーヘッド』

や、桐谷くん、あなたね…この映画ってば、妄想好きの桐谷くんそのものじゃないですか？この『イレイザーヘッド』（消しゴム頭）って映画はですね、筋書きよりも研ぎすまされた鋭い感性で幻想的かつ、刺激的な映画を一本作ってしまうというリンチ初の長編監督作品でして、もはや伝説的カルト映画の代表なのね。

終始、不協和音が鳴り響くモノクロの世界で妖しく展開されるは、終始一貫して主人公の悪夢。

結婚したくない女との間に出来た赤ちゃんを無理矢理引き取らされた主人公が、ストレスの余り、数々のシュールな幻影に悩まされ、ついにはそれを殺してしまうってだけの話なんだけど、そこはさすがのリンチ師匠。まずその赤ちゃんが、なぜか唐突に超グロテスクな奇形のヒヨコなの。で、主人公はそれを人間の赤ちゃんとなんら変わらず、いたって普通に育てるの。風邪をこじらせたヒヨコがあり得ないほど奇怪な声を上げつつ、気持ち悪いゲロをドクドク吐き続けても、普通に加湿器かけて看病しちゃうし。要するに、主人公の主観（悪夢）で見た場合、赤ちゃんという煩わしいだけの存在が、グロテスクなヒヨコに見えるっていう形で具現化してるのよ。で、そこになんの説明もないのが、リンチワールドなんだな。

だから、それを「エグいだけで意味分かんない！」と嫌うか、「ユーモア満載！」と喜ぶか

ではっきり好みが別れるのがリンチ作品の特徴。

で、俺からしたらリンチの仕掛ける幻想って最高のエンターテイメントなのな。それがいびつであればあるほど、そのトリップ感に心底癒されちゃうのな。


つうことで、桐谷くん。俺、この映画、**これまで何度も普通に観てます。**

君だけだよ…この連載の趣旨を全く無視して俺好みの映画、ガツンとすすめてきたの。

…っていうことは、俺も**特技が妄想派?**

ヤダヤダ、そんな派!!! …とか言いながら、俺達、結構気が合うかもね。

今度一緒に直立不動になったまま親交を深めたいね!


じゃ、そんな同志に俺からのお返し。

アレハンドロ・ホドルフスキー監督作品『エル・トポ』

桐谷くんなら説明不要だよね? 荒野を彷徨う凄腕子連れガンマン、エル・トポを主人公にした、ドラッグ感覚満載の超絶カルトムービー!

あー、なんか今回はマジで自分に向けて紹介しているようで、そういう意味でも**軽くトリップ。**

今、振り返って…

『イレイザーヘッド』は僕にドンピシャだった作品。でもこういうのをすすめてくれる人って心配になっちゃいますよね、なんか。社会でうまくやってるのかなぁって(笑)。デイヴィッド・リンチ監督の映画って本当に面白いですけど、あんまり繰り返し観る気になれないものが多くて…。リンチの映画は、"リンチ脳"っていうのがあって、彼の映画に、自分の脳のチューニングを合わせないと理解できないんです。だから繰り返し観ちゃうっていうか。『イレイザーヘッド』は、初心者の人でも比較的観やすい映画だと思いますけど、やはり初見では観ヅラい映画なんですよね。父親になるのが怖いっていうだけの映画ですから。お返しの『エル・トポ』は、同じ感覚の人なんだなと思って、桐谷くんにだけに向けてすすめてますね。読者のことを考えてない、私信みたいな。

河原お返しDVD

『エル・トポ HDリマスター版』

発売中/BD ¥3,800+税
発売・販売元:ハピネット

EPISODE 6

林遣都
Kento Hayashi

●プロフィール
はやし・けんと
'90年12月6日生まれ。滋賀県出身。
'05年に芸能界デビューし、'07年に映画『バッテリー』で
初主演&スクリーンデビューを果たす。
最近の主な出演作に、ドラマ「玉川区役所 OF THE DEAD」「悪貨」など。
今後、映画『ST 赤と白の捜査ファイル』(1月10日公開)、
ドラマ「残念な夫。」(フジテレビ系)などに出演。

林遣都さん おすすめ DVD

『ブロウ』 廃盤

男のカッコ良さが出ている作品で、立ち振る舞いとか、歩き方とかもカッコいい。こうなりたい！ 勉強になる作品です。ちなみに河原さんがカッコいいと思う男の仕草とかありますか？

読者の皆様、うーうーうー。

最近、あまりの仕事疲れでなにかっちゃあうーうー唸ってばかりいる、**俺です、河原雅彦です、**うーうーうー。

ちゃんとギャラをいただいて書かせてもらっている原稿に、私的なグチをうーうーこぼすのも甚だどうかと思うのだけど、今、本業の芝居作りが佳境を迎えておりましてマジでいっぱいいっぱいなんですわ。

「さすがに今回の原稿は落とすかも…」と真剣に弱気になった満41歳…。只今、死力を尽くしてパソコンに向かっております、**うーうーうー！**

さて、『マニアックな映画しか愛せない己を矯正すべく、誰かさんからおすすめの一本を募り、そのひと色に染めてもらおう』というこの連載。

今回のゲストはあちこちの話題作に出ずっぱり&瑞々しい演技で好評を博しまくりの人気実力派俳優・林遣都くんだす。

やー、遣都くん、はじめまして！

〝遣都〟って、本名なんだって？

けんと界じゃかなり珍しい表記だよね。

普通は『賢人』『健人』あたりでしょ。

だから興味引かれて、ウィキペディアで君の名前の由来を調べてみたよ。するとどうだい。

「大きな都市（都）に出て大きなことを成し遂げる」という両親の願いがこめられている。

とあるじゃないか。

なんて親孝行な息子なんだ、君ってやつぁ！

有言実行ならぬ、名前の由来実行をこうも見事に果たすとは。

俺のまわりは、『正（ただし）』と書いて、全然正しくない男友達や、『美子（よしこ）』と書いてずいぶん面白い顔の女友達で溢れ返っておるぞ。

俳優としても人間としても、さらなる飛躍を遂げるであろう遣都くんが紹介してくれる映画だったら、しばしうーうーやめにして、ありがたく君色に染まってみるよ！

ってんで、今回観させてもらったのが、これ。

ジョニー・デップ主演作品『ブロウ』

あー、デップねえ。

問答無用にいい男だねえ。色気あるよねえ。とはいえ、ティム・バートン作品に出ている時のぶっとびキャラは個人的に食傷気味だけどねえ。でも、この映画は監督さん違うのねえ。こりゃ期待大だねえって……**やっぱ相当面白かった！**

この映画、『1970年代に若くして伝説のドラッグディーラーとなり、巨万の富を手にした実在の人物、ジョージ・ユングの波瀾の半生を描いたクライムムービー』なんだけど、まあ、その前半は、なにせ舞台がヒッピー全盛のカリフォルニアだったりするため、ドラッグをもろ扱った重いテーマなのに、観ていてウキウキするぐらいカラっと壮快なんだわ。

特にデップ演じるジョージがドラッグディーラーとしてめきめき頭角を現していく描写はテンポがよく、すっげーお洒落でかなりシビれます。

BGMがストーンズやクリームを始めとする当時の名曲だったり、ファッションひとつとってもサイケで楽しかったりするのもあるけど、なによりデップ特有のいなせな演技が、マリファナを売り歩くだけのただのろくでなしを異様なまでにスタイリッシュな主人公へと昇華させてるわけ。

もちろん、その後はお決まりの転落人生が待っているのだけど。

でも、さすがはデップ。

幼少の貧しかったトラウマ、息子思いの父親との交流、信頼していた仲間の非情な裏切り、一人娘への純粋な愛といった重苦しい人間ドラマも繊細に演じ切っていて、ビジュアル先行ではなく、演技の部分でも非凡な才能を持ち合わせる名優であることを堂々証明してくれている。

「純な顔した遣都くんがなぜにコカイン映画?!（ブロウはコカインを意味する俗語なのね）」と最初は思ったけど、この作品には俳優ジョニー・デップの魅力と威力が存分に詰まっていて、存分に楽しめましたわ。

ではでは、遣都くんにお返しジョニー・デップ！

ジム・ジャームッシュ監督作品『デッドマン』

この映画のデップもかっこいいよー！　死に場所を探す無口なガンマンだよー！　バックに流れるニール・ヤング必殺の即興ギターソロ、ジャームッシュ特有のスタイリッシュなモノクロ映像、そして妖艶なデップが三つ巴になって観る者を完全KOしてくれちゃいます。

あ、それと最後に遣都くんの質問に答えなきゃだ。

俺の思うカッコ良いと思う男の仕草は、どんなに疲れていてもうーうー言わず、クールに浮かべる微笑みです。

俺、絶対無理です、うーうーうー。

河原お返し DVD

『デッドマン スペシャル・エディション』

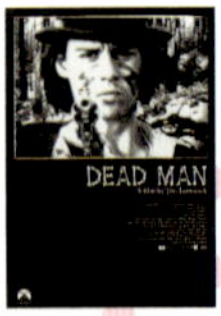

発売中／DVD ¥1,429+税
発売・販売元：パラマウント ジャパン

今、振り返って…

まさかこの時は、後々一緒に仕事をするとは思わなかったです（ドラマ「玉川区役所 OF THE DEAD」)。『ブロウ』、センスのいい映画で面白かったですね。でも(掲載時)20歳くらいに『ブロウ』って…背伸びし過ぎかな(笑)。ジョニー・デップって、キャラもので出演するとケレン味がある希有な俳優さん。そういう意味では、彼が出ている映画は信用できます。お返しは、僕が最後まで起きて観られたことがない『デッドマン』。毎回、"この間はここまで起きてたな"っていう…。この作品はとにかく音楽が良くて。ニール・ヤングが完成形の映画をスタジオで流して、そこに自分の興が乗った時だけギターを弾いているんです。それが心地いいっていうのが、寝ちゃう原因でもあるんですよね。遣都くんはドラマでご一緒して、ものすごく真面目でアツい人だと分かったから、今なら植木等の『無責任シリーズ』とかすすめたいですね。

EPISODE 7

勝地涼

Ryo Katsuji

●プロフィール
かつぢ・りょう
'86年8月20日生まれ。東京都出身。
'00年に俳優デビュー。以降、映画やドラマ、舞台を中心に活躍。
'14年には映画『クローズEXPLODE』『バンクーバーの朝日』、
舞台「小指の思い出」などに出演。
待機作に、映画『Present For You』(2月7日公開)、『花とアリス殺人事件』
(声の出演/2月20日公開)などがある。

勝地涼さんおすすめ DVD

『クライング・フィスト 泣拳 デラックス・コレクターズ・エディション(2枚組)』

ふたりの男の人生が一度も交錯することなく、ラストシーンに向かっていく展開が面白い。

40代の男の目に狂気を感じます!!

河原さんにとっての狂気とは何ですか?

発売中/ DVD ¥3,980+税

発売・販売元:㈱ソニー・ピクチャーズ エンタテインメント

暑いよ、読者の諸君!!!

と今の気分をありのまま読者にぶつけてみた**俺です、河原雅彦です。**

なんなんスかね、最近の暑さときたら…。

油断してると自宅にいながら熱中症におかされそうになりますマジで。

連日アレですよ、イライラ通り越して、ぐったり通り越して、もはや電子レンジの中でじっくり解凍される**ひき肉の残りをラップして冷凍庫で保存したやつ**みたいになってますよ、この例えが正確かどうかはさておき。

今回はぜひ、そんな暑さを吹き飛ばすような映画を紹介されたいもんですよ。

こう、思いっきり身の毛もよだつホラーとか。とってもクールでお洒落なヌーベルヴァーグとか。

さてさて、今回の紹介者は映像出演のみならず近年では舞台でも大活躍!

若手俳優部門では、人気・実力とも頭ひとつ抜けた感のある勝地涼くんどぇす。

えー、勝地くんとは一度舞台でお仕事したことがあるんだけど、本当に実直で真っ直ぐで演技に対して熱いハートを持った、いや、持ち過ぎなぐらいホットな青年でして、おそらくその熱を中和させるために**涼**的なフレーズを名前に入れ込んだんじゃないかって…って、**アラ???**

え、え、え、勝地くん?

まさか君のパーソナリティーにジャストフィットした映画で俺を染めようっていうんじゃないでしょうね?!

猛暑よ! 猛暑の真っ最中よ!

なんだか嫌な予感がめっちゃするんですけど…。

そんなこんなで編集部から送られてきたＤＶＤを恐る恐る見てみると、

チェ・ミンシク主演作品『クライング・フィスト 泣拳』

韓国映画って?!!!

しかもボクシングもんって?!!!


かき氷食べたいところにグツグツ沸き立つチゲ鍋出されたようなもんですわ…。

もうね、彼、完全に改名した方がよいです。勝地涼勝手に改め、**勝地熱**であるとか。

けどね、けどね。

これ、**すんげー感動したっ!!!**


物語も然ることながら、シンプルさを追求した構成が素晴らし過ぎます。

二人のどん底の主人公…事業失敗で莫大な借金を抱えたことから、妻子にも逃げられ、今や路上で〝殴られ屋〟として日銭を稼ぐしかない元銀メダリストの老いぼれボクサーと、家族の愛をないがしろにし、送られた先の少年院でボクシングと出会う19歳の超非行青年による痛々しいまでの物語が作品の軸なわけだけど、それぞれのストーリーは決して交わることなく別々でガンガン進んでいくのね。

で、映画の終盤、それぞれの再起を賭けた新人戦の決勝のリングで互いの事情を知らぬまま、二人は拳を合わせるわけ。

二人はもとより、彼らを取り巻く家族や仲間の思いがどれだけその拳に込められているか、それを知っているのは観客だけで主人公達はまるで知らない…。

けれど、リングで勝敗を超えた死闘ならぬ、**私闘**をひたすら繰り広げる二人は、魂の拳を通じて次第に互いの生き様を認め合っていくっていう、ね。

そこにはもんのすごいカタルシスがあるわけよ!

韓国映画らしく、全く妥協がないシビアな苦悶を主人公達が延々味わってる描写が実に効いてるのさ。世界戦みたいな大袈裟な舞台じゃなく、新人戦っていう地味さがまた良い。鍛え抜かれた俳優達の戦いをみせるカメラワークも、無骨さとスタイリッシュが見事に同居し、大変好感が持てます。

や、ラストカットには本気で泣かされましたよ。

チェ・ミンシクって、ひょっとするとデ・ニーロ級の名優なんじゃないかしら？　個人的には彼の代表作と言われる『オールドボーイ』よりこっちの演技の方が断然好みです。

しかし、アレね。

やっぱ暑いからっつって、涼むことばっか考えてちゃダメね。


男なら冷房切って、ガツンとチゲ鍋食わないと！！！

そんな教訓を今回教えてくれた勝地熱くんに俺からおすすめの一本。

園子温監督作品『愛のむきだし』

韓国映画に負けない熱と狂気を孕んだ作品をガチで作れるのは日本じゃこの監督さんだけじゃないかと思うの。昨今の映画界の常識を超えた4時間弱の上映時間も、まるで嘘みたいに一気に駆け抜けちゃうから。近年の邦画では断トツで最高傑作だと断言します。ボクシングの拳じゃないけど、ずるむけの愛が激しく交錯するこの作品なら、きっと君を満足させられるのではないかな。まだ未見だったらぜひ観て下され。

俺の考える狂気もこの中にずっぽし詰まってますんで！

河原お返しDVD

『愛のむきだし』

発売中／DVD ￥5,200＋税
発売・販売元：アミューズソフトエンタテインメント株式会社

今、振り返って…

勝地くんは、僕が演出した舞台「屋上の狂人」で草彅剛くんの弟役だったんです。舞台が好きで、会うとこっち側の人だなぁっていう感覚がします。素直だし、仕事に対する情熱があって、応援している俳優さんのひとりです。まずね、おすすめの『クライング・フィスト泣拳』がとても面白かった。で、お返しが『愛のむきだし』。やっぱね、韓国映画っていうのは良く作られてますから、そこに負けないものを持っている監督さんといったら、園(子温)さんだよなぁって。彼は昔から撮りたいものを野伏のように撮ってきていて、今の日本映画では作れないようなところまで踏み入っているから、それは面白いに決まってますよね。面白い韓国映画をすすめてもらったので、日本にもいいのがあるよっていうのがこの映画です。

EPISODE 8

塚本高史
Takashi Tsukamoto

●プロフィール
つかもと・たかし
'82年10月27日生まれ。東京都出身。
'97年に俳優デビューし、ドラマから映画、CMまで幅広く活躍。
主な出演作に、映画『劇場版 テンペスト3D』『HK／変態仮面』、
大河ドラマ「軍師官兵衛」など。
現在「岩合光昭の世界ネコ歩き」(NHK-BSプレミアム)で
ナレーションを務める。

塚本高史さん
おすすめ DVD

『デッドマン・ウォーキング　ベスト・ヒット』

この作品を観てショーン・ペンという役者を知りました。

S・ペン演じるマシュー・ボンスレットはカップルを惨殺した死刑囚という悪役なのですが、本当はすごくいいヤツ。

S・ペンの演技がカッコ良過ぎます！

特に捕まった時、手錠をしながらタバコを吸うところは必見です！

発売中／DVD ￥1,419＋税
発売・販売元：20世紀フォックス・ホーム・エンターテイメント

長引く不況と電子書籍の波に押され、なかなか大変なことになっているであろう出版業界の憂いをものともせず、CINEMA SQUAREをお手に取って下さった皆々様、ありがとう！　そして、こんにちは！

俺です、河原雅彦です。

「お前に言われたないわ！」と担当さんにまず怒られるであろう、なんで41歳にもなって怒られるようなことばっか言ったり書いたりするんでしょうね。

おっさんになって怒られると若い頃より確実に凹むのに、これはもはや性分としか言いようがないです。

不謹慎なことにほど甘い蜜が詰まってますから。

これからも **〝怒られてなんぼ呆れられてなんぼ人生〟** を死ぬまで貫いていこうと思います！

と、不毛な決意表明を終えた不埒なおっさんに今回フェイバリット・ムービーを紹介してくれた善良な俳優さんは、赤い唇が超セクシー！　カッコいいのにちょっとズレたお芝居もしれっとこなすカリスマ個性派俳優・塚本高史くんです。

やーやー、初めまして塚本くん！

ボク、君のことは『バトル・ロワイヤル』の時からかなーり気になってて。

なんつーの、独特なオーラありますよね、まだ若いのに。

どうしたって人の目を引いちゃう存在感があるというか、なにもしてなくてもスリリングだったりミステリアスな雰囲気醸しちゃってるっていうか。

いやいや、そんな大好きな塚本くんに映画を紹介してもらえるなんて、あたしゃ幸せものでございますわよ。

君だけには怒られたくないから、今までになく真面目に染めてもらっちゃいますね。

で、そんな塚本くんご推薦の映画は、

ショーン・ペン出演作品『デッドマン・ウォーキング』

ま、ずっぽし深い映画ですわ…。

周囲に猛反発されながら殺人犯を弁護する尼僧のヒューマニズムと、事件の真相を明かさず物語が進行するサスペンスが絶妙に絡み合いながら、この作品の根幹である『死刑制度の是非をガチンコで問う』という、巧み、かつ骨太な社会派ムービー。

個人的に死刑制度どうこうは全く関心無いのだけれど、ここまで生々しくその様子や刑に至るまでの過程を詳しく見せられるとさすがに考えちゃいますな。

殺された側の遺族や犯人側の家族、そして当事者である死刑囚の心境…立場こそ違えど、そこに一切の嘘はないし、もはや正義も悪もないわけで。

ただただただひたすらやるせない…。

死に値する罪を犯した人間は死をもって償うっていうのは一見当たり前のようにも思えるけど、なかなかどうして、この映画を観るとそう一概にも言えない気がしてくるのですよ。

正直、どの登場人物に感情移入していいのか戸惑ってるうちに観終わっちゃったっていうか…そのぐらいリアル。

だけど、ただ重いだけじゃなく、基本クール、されど死を前にしてエキセントリックなまでに神経過敏な死刑囚を見事に演じきったショーン・ペンの神がかった演技力と、これをハッピーエンドと言っていいのか正直分からないけど、少し救われた気分になるラストシーンによって、極上のエンターテイメントに仕上がっております。

やー、塚本くんがこういう映画を好きって意外だったなあ。勝手に、もっとスタイリッシュなお洒落映画とかすすめてくれると思ったもの。けど、この映画のショーン・ペンってどっか塚本くんとかぶってる気がして、妙に納得したりもして。

さて、そんな塚本くんへのミステリアス度がますます深まったところで、不埒なおっさんからおすすめの一本。

ダーレン・アロノフスキー監督作品『レクイエム・フォー・ドリーム』

もうね、ひたすらドラッグ怖い！　ドラッグ禁止！　って叫びたくなる映画です。薬にハマりひたすら堕ちていくカップルの壮絶な末路をハイスピードで描き切ったこの映画を観れば、**「なんてもの紹介してくれたんだ！」**って塚本くんに怒られること間違いなし！

だったら紹介しなきゃいいんだけど、なんだろう、最終的にドM心がそうさせてしまうのかしら？　ああ…愚かって、いと楽し。

河原お返しDVD

『レクイエム・フォー・ドリーム』

発売中／DVD ¥3,800＋税
発売元：是空
販売元：ポニーキャニオン

今、振り返って…

『デッドマン・ウォーキング』、面白いけど重い映画でしたね…。無罪を主張している人が死刑にされる行程がすごくリアルで、こんな重いもの…とは思いましたけど、否応なしに観なきゃいけないっていうのがこの連載のいいところですよね。お返しは『レクイエム・フォー・ドリーム』。…この映画は最悪ですね(笑)、大好きな映画ですけど。「今日は１日体調がいいなぁ」っていう時しか観られない。酷いんですよ、もう。ドラッグでカップルが堕ちていく様子を描いてるんですけど、堕ち方が半端ないんです。爽やかな恋愛映画だと思ったら、大間違いで。このお返しチョイスは、自分のタイミングじゃない時に重いものを観て、すすめるならもうこの作品しかないっていう気分になったんじゃないかな、と思います。

EPISODE 9

鈴木亮平
Ryohei Suzuki

●プロフィール
すずき・りょうへい
'83年３月29日生まれ。兵庫県出身。

'07年に俳優デビュー。

最近の主な出演作に、映画『ホットロード』『TOKYO TRIBE』、連続テレビ小説「花子とアン」など。

'15年は出演映画『風に立つライオン』（３月14日）、『予告犯』（６月６日）、『海街diary』（６月13日）などが公開。

鈴木亮平さん おすすめ DVD

『oasis』 廃盤

僕が観ていていちばん息もできなくなるのはこの韓国映画です。

全部好きですが、やっぱり主役ふたりの芝居が好き。

河原さんの感想、ぜひ聞きたいです。

あっ、初めまして！

読者の皆様、生きてますか？

死んでちゃ、これ読めませんよね。

ここ数ヶ月、あまりに多忙なスケジュールで連日死んでるように生きているリビングデッドな**俺です、河原雅彦です。**

もうね、今年は狂ったように働き詰めなんですわ。CINEMA SQUAREは映画誌なんで演劇のことを知らない読者がほとんどだと思うのですが、おおよその演劇って1ヶ月お稽古して1ヶ月本番やるサイクルなんですな（もちろんもっと本番期間があるものもあればないものもある）。で、現在の俺はと申しますと、今年7本目の舞台の稽古に入ってまして。通常、年間3本ないし多くて4本舞台をやっていれば**「あんたは立派な演劇人！」**と言われる昨今、もうね、許容範囲超えすぎですよ…。しかもこと演出家となると、今から来年の舞台の打ち合わせも余裕でドシドシ入ってくるわけで、それと平行して稽古場通いを続けてちゃ、そりゃリビングデッド化も進んじゃいますって。

動きとか鈍いですもん。ゆら〜っとしか歩けませんもん。気がつくと通行人、噛んでますもん（←ウソ）。手とか足とか余裕でもげますもん（←これもウソ）。

ま、このご時世、仕事があるのは大変ありがたいこととはいえ、ほんの今もめちゃめちゃ虚ろにパソコンのキーボードを押してる次第…。

加えて、人間、バイオリズムのサイクルがきちんとあって、とりわけ年末に差し掛かるこの時期は、決まって心の調子を崩しがちな俺なのな。

なもんで、せっかくだからウキウキするような映画が観たいですよ！

理由も無く人がバカバカ死ぬような、理由も無くカークラッシュがグシャグシャ続くような、理由も無くあちこちでオッパイがぷるんぷるん揺れてるような、そんなハイパーテンションな映画が腹の底から観てみたい！　…っつうことで、今回フェイバリット・ムービーを紹介してくれる俳優さんは、今やテレビ・映画と引っ張りだこ！

モデル出身の新進俳優・鈴木亮平くんです。

やーやー、初めまして亮平くん！

こんなリビングデッドな俺だけど、君の分厚い胸板とワイルドなお顔立ちにはとっても色気を感じてしまうよ。首筋噛まないことを約束するので、本気で抱きしめられたいっス。

君なら僕を救ってくれそうだ！　疲れがいっぱつで吹っ飛ぶような、そんな痛快なアクション映画とか紹介してくれそうだ！

なに？　**なに？　なあに？**

と勝手な期待を込めまくって、編集部から送られてきたDVDを手に取ってみれば、亮平くんご推薦の一本は、

ソル・ギョング＆ムン・ソリ主演作品『oasis』

って、超おもーーーーい！！！！！

ま、この映画ってジャンルとしては純愛モノなんだけど、これほど観る側のコンディションを選ぶ映画ってないと思います。だって、刑務所出たての社会不適応男子と脳性麻痺の障害者女子との、不器用なんて言葉を一万個重ねても決して追いつかない、心の底からドーーーンとくる物語なんだもの。けど、そんな極端な設定だけに、二人の愛に不純物など一切なし。モラルの外側で燃え盛る恋愛の炎はこのうえもなく美しく衝撃的で、この作品を観始めたら最後、エンドロールが流れるまで、大げさじゃなく瞬きすら許されないほど得体の知れない感情に心がわしづかみにされちゃいます。この作品ってでっかい国際映画祭の賞を何

部門も獲得しているんだけど、それもホント分かるわぁ。扱ってるテーマもそうだけど、それを演じる主演陣が逃げ場なしで極限の名演を繰り広げているんだもの。特に脳性麻痺の女性を演じたムン・ソリね。タブーを遥かに超えて、リアリズムに徹した役作りは圧巻の一言。日本人女優ではマジでありえないほど、顔と体を激しくゆがめながら、激しく痙攣しながらこの難役を見事務め上げています。本編中、時々健常者としてフイに登場し、初恋の男とロマンティックなやりとりを演じるのだけど（彼女が演じる主人公・コンジュのイメージ・シーン）、その時のムン・ソリったら本当にべっぴんさんなのさ。もうね、そんな女優さんがここまでやるんだから、そもそも日本映画と韓国映画の志の差異まで見えてきちゃう。純愛も戦争も銃撃戦もお涙ちょうだいモノもとことんまでやる。簡単に言うとそれが韓国。それらをあくまで一般向けにエンターテイメントとして提示するのが日本。どっちがいいとか悪いとかじゃなくてね、とにかくそんなことを改めて考えさせられました、この作品には。

さて、そんな超ド級にヘビーな映画をすすめてくれた亮平くんにお返しの一本。

スタンリー・キューブリック監督作品『時計じかけのオレンジ』

もはや説明はいらんでしょ？　超ド級バイオレンス・ムービーの傑作がコレ！　つか、今、この作品の舞台版の稽古に通ってる真っ最中なの…俺。だから、今はこの作品のことしか考えられない！　だから亮平くん。この際、映画も舞台も観てみてちょ。

河原お返しDVD

『時計じかけのオレンジ』

発売中／DVD ￥1,429＋税
発売・販売元：ワーナー・ホーム・ビデオ

今、振り返って…

なんでみんな重いものが多いのかなぁ…。多分、自分で抱え切れないものを他人に渡したいっていう気持ちがあるんじゃないですかね。それも分からなくはないんですけど。『oasis』、自分のタイミングじゃないところで観ちゃいましたけど、映画としてはなかなかのものでした。お返しが再びの『時計じかけのオレンジ』っていうのは、舞台をやることになって、単にこれで頭が一杯だったんでしょうね。…考えられないって書いてあるし(笑)。

スペシャル対談 1

小栗旬×河原雅彦

Shun Oguri　Masahiko Kawahara

稀代の悪人アレックスを演じるために大切なことは、自由を手に入れること

舞台
「時計じかけのオレンジ」

第10回目を迎えた「アナタ色に染めてほしいの…」。
それを記念して豪華対談が実現！
上演中の舞台「時計じかけのオレンジ」の主演・小栗旬さんをお招きしました。
小栗にとっては'08年以来、久々の舞台。
鬼才・河原は、果たして小栗にどんな演技指導をするのでありましょーか？

舞台
「時計じかけのオレンジ」

スペシャル対談 1

Shun Oguri × Masahiko Kawahara

河原は小栗旬をどのように演出しているのか？

——稽古の状況はどんな感じですか？

河原　暴行シーンが多い作品なので、立ち回りの稽古が多いのと、歌と踊りもいっぱいあって。色々なことを詰め込み、詰め込みやっていて。1時から9時まで稽古するなんて久々ですよ。

小栗　ハハハ。ほんと、毎日大変です。でも楽しいです。なんかこう、久し振りに舞台の現場に来ましたけど、河原さんには、サクッと見透かされてしまいました。ああ、外堀を埋める芝居しかしてなかったんだ、俺って…ということを日々痛感しています。

河原　見透かすっていうか…、そうだなあ、もともと、男性でも女性でも心のない笑顔を作っている人が大好きですからね（笑）。

いや、小栗くんが心ないって訳じゃなくて、その人の内面を見ますよ。芝居も、内面が伴ってないものについては、おい、コラ！って注意します。

小栗　フハハハ。

――河原さん演出は厳しいんですか？

小栗　厳しくはないです。でも、できてないことはできてないとはっきり言われます。河原さんは当たり前のことしか、言いません（笑）。

河原　当たり前のことを見逃さない。

小栗　時々、稽古中に、チラッと河原さんを見ると、イライラしてるな？　と思うことがあるんです。

河原　イライラと疲れは隠さないほうなんです（笑）。

小栗　そういう時、もっとガツン！　と言ってくれてもいいのになあと思いますよ。

河原　僕はガツン！　とは言わないよ。いや、でも稽古をやっていると、小栗くんは舞台が好きなんだなあっていうのが分かるよ。今回、小栗くんはドルーグという悪い子たちのリーダー役なので、稽古の合間、別部屋に仲間を集めてアツい会議を始めることもあって驚いた（笑）。

小栗　ハハハ、会議、やりましたねえ。

河原　本当は悪い子たちのはずなのに、真面目に語り合っちゃったりして。稽古終わ

●プロフィール
おぐり・しゅん
'82年12月26日生まれ。東京都出身。
'98年に俳優デビュー。以降、映画やドラマ、舞台など多方面で活躍中。
近年の主な出演作に、映画『少年H』『ルパン三世』、
ドラマ「BORDER」「お家さん」「信長協奏曲」、舞台「カッコーの巣の上で」など。
今後、ドラマ「ウロボロス」（1月16日スタート／TBS系）に出演するほか、
主演映画『信長協奏曲』の公開が控える。

ると、飲みに誘ってくれるし。

小栗 でも、1時から9時まで稽古した後で飲みに行った日の翌日はほんとキツかった（笑）。河原さんと初めて飲んだ時は、翌日夜まで使いものにならなくて。2回目に飲んだ時は、高良健吾くんと自転車で稽古場に通っているんだけど、走りながらゲロ吐いちゃった。

小栗・河原 （爆笑）

河原 高良くんは大丈夫だったの？

小栗 彼はその前日、店先で吐いてた（笑）。

河原 本番を控える舞台役者としてはあってはいけないことですね～。

小栗 ねえ（苦笑）。

河原　まあ、小栗くんが演じるアレックスが稽古に遅刻してきたら悪びれないだろうけど、小栗くんは、恐縮するからなあ。

小栗　アレックスみたいな人が演劇をやっていたらヤですよね。

河原　アレックスは常軌を逸しちゃってるから、相当厳しい稽古を積まないと更正しないだろうね。

小栗　とりあえず暴れるだけ暴れて終わりそう（笑）。

――映画版が有名ですが、舞台は見せ方が違うんですか？

河原　もともとこの作品は小説が原作なので、映画は映画、舞台は舞台のアプローチがあります。舞台は、観客の目の前で俳優がその役を生きていないと説得力がない。だから、まずはキチンと生きることを俳優さんたちにはお願いしています。

小栗　それって当たり前のことなんですけどね。アレックスが何を考え、何をしたくて行動しているのかを自分なりに考えておくことは俳優として当たり前の作業です。でも、久し振りの舞台で、改めてそこに向き合ったら、それが難しくて…。

河原　いや、これだけバックボーンがない人はそうそういないから仕方ないよ。アレックスは、ただ悪いんだもん。ただひたすら悪いことを楽しんでいるだけ。でも、ど

スペシャル対談1 Shun Oguri × Masahiko Kawahara

んなに良識のある人でもモラルを超えたことにはワクワクするものだと思うんだよね。それって根源的なことだと思う。だから、アレックスは、見る人がワクワクするような自由度の高い人でいて欲しい。そのためには、俳優自身が自由でいられればいいんじゃないかな。

小栗　俺、今、全然自由じゃないです。どうしたら解放されるのか、まだ分からない。そういう意味で、先輩俳優さんたちは自由でうらやましいんですよ。

河原　（吉田）鋼太郎さんとか（橋本）さとしさんとか（山内）圭哉さんとかは自由だよね。彼らがドルーグに見える（笑）。

小栗　そうそう！

河原　次に何するか分からないもんなあ、あの人たちは。ただ、そこにいるだけで、簡単に役として自由に動けちゃうっていうのはキャリアの賜物だなってすごく思う。でも、あの人たちは、もうおじさんだから。

小栗　ハハハ！

河原　やっぱり小栗くんたち若い子にしか出せない瑞々しさで対抗して欲しい。同じ土俵で勝負しちゃダメ。若者たちができないことはおじさんたちが埋めてくれるから、できることをやってください。稽古を長くやっていくうちに自由になれるよ。

小栗　ミーティングして頑張ります（笑）。

──河原さんも自由な人じゃないですか？

河原　いまだに言っていいことといけないことが分からない（笑）。前に古田新太さんのラジオ番組にゲストで出た時、相手が

古田さんだし、何を喋ってもいいと思ったら、CM中に叱られました(笑)。
小栗 アッハッハ! 僕も古田さんとラジオで話したことがあるけど、古田さんはどこまでは言っていいか分かってますよね。
河原 ギリギリ、ファールライン手前で止めているんでしょうね。

トラウマになるくらい、ショッキングな舞台になるか?

——小栗さんの歌はどうですか? 以前、苦手とおっしゃっていましたが。
河原 稽古が始まる前から歌稽古はしていたから上達しているよね。この間はみんなを締め出してひとりで稽古していたんだって?
小栗 そうそう、恥ずかしいから、マンツーマンで。だって、恥ずかしいんですよ、みんな見ていて。プロデューサーさんとかフツーに座って見ているから、「ゴメン、歌の先生とふたりっきりにしてください」って(笑)。
河原 全然魅力的な歌だよ。今回は、うまく歌う必要がないから全然大丈夫。
小栗 ハハハ。
河原 ちゃんと音程もとれてるし。
小栗 今回の現場では、俺よりダメなヤツが結構多いなって思って、安心したんですよ。
河原 どんだけ志の低い主役なんだ!? 下見て安心するとは(笑)。
——さて、映画誌なので映画の話も聞かせてください。『時計じかけのオレンジ』のようにショッキングな映画を、子供のころに観た体験はありますか?
河原 ある?
小栗 『KIDS』っていう映画かな。
河原 どんな映画なの?
小栗 それこそ、イギリスの若者が酒やド

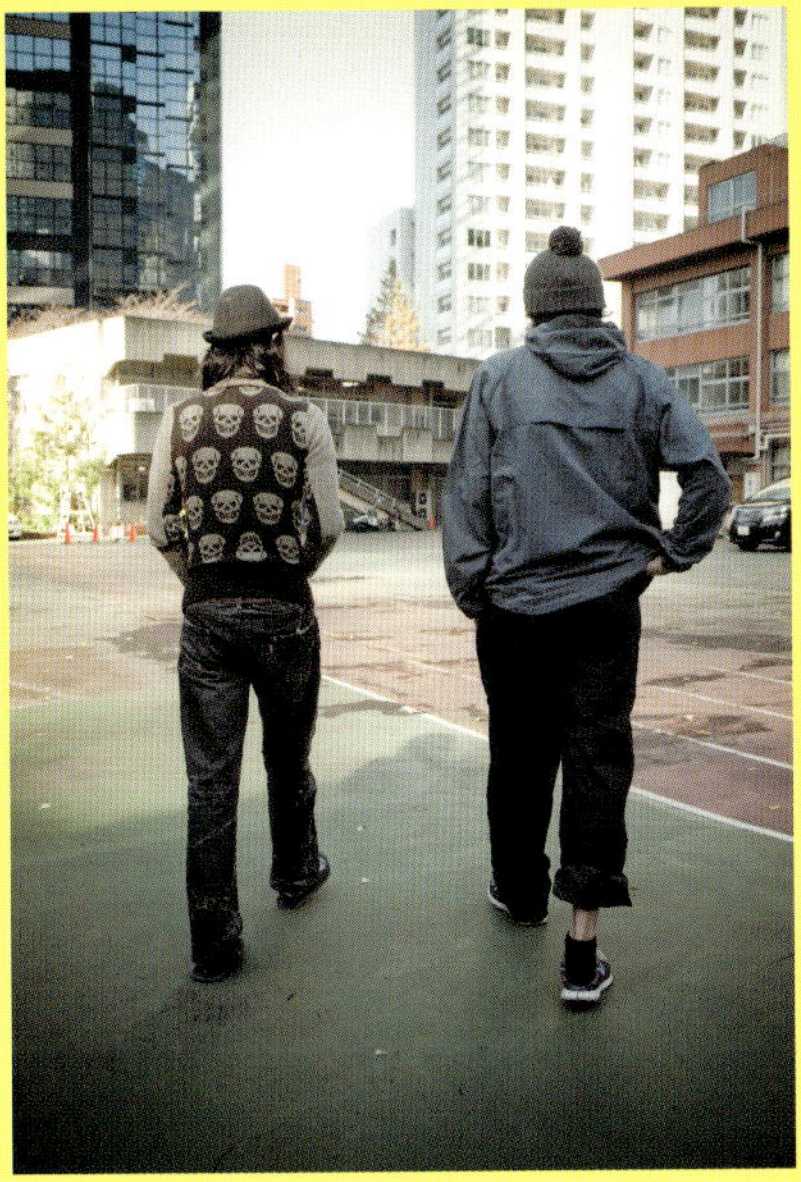

ラッグに溺れて人生がめちゃめちゃになっていくっていうもので、その破滅的なところに憧れましたね。

河原　憧れちゃうの（笑）？

小栗　俺ってたいしたことしてないなって。

河原　ハハハ。僕はねえ、『八つ墓村』だな、確実に。

小栗　何作かありますけど、いつのですか？

河原　渥美清さんが金田一耕助をやった映画（根岸吉太郎監督作）。親に連れていってもらって観ました。市原悦子さんは双子で、登場するのは、小川真由美さん、ショーケン（萩原健一）、田中邦衛さん…とホンモノしか出てこない。あの人たちが醸す雰囲気が禍々しくて、何コレ？　って思った。何なんだろうね、昔の映画俳優って！　今いないよね、ああいう人たち。食べてるものが違うとしか思えない（笑）。

小栗　今より制限がなかったんじゃないかと思います。遊びも豪快だったんですよね。

河原　勝新（太郎）さんなんか、パンツにコカイン隠して捕まって、記者会見開いたんだから（笑）。たとえば、滑舌が多少良くなくても関係ないくらい圧倒的な存在感がある俳優さんってすごいよね。

小栗　まあ、滑舌とかはちゃんとしたいですけど（笑）。今回は、昔の俳優さんたちじゃないけど、何をしでかすか分からないってほどの状況に自分の芝居を持っていきたいですね。

スペシャル対談 1

Shun Oguri × Masahiko Kawahara

EPISODE 10

小栗旬
Shun Oguri

小栗旬さんおすすめ DVD

『エターナル・サンシャイン』 廃盤

河原さんに観て欲しい作品を選ぶのは難しいなあ…。あまりに趣味じゃないジャンルだと、忙しい中で観るのがツラくなってしまいそうなので（笑）。

僕が、よく人に「これ、いいよ」とすすめているのは『エターナル・サンシャイン』。ラブストーリーも色々あるけど、これは好きなラブストーリー。

ジム・キャリーが一切コメディをやっていないところも見どころのひとつです。

読者の皆様、遅ればせながら明けましておめでとうございます。２０１１年もよろしくお願いいたします、河原雅彦です。

前回はあまりの多忙さに、小栗旬くんとの対談を掲載する形で原稿を逃れた俺ですが、今回ばかりはさすがにそうもいかず、とはいえ、多忙ぶりには今なお拍車がかかるばかりでして、なんでぁのスペシャルな対談を2回に分けて掲載しましょうと担当者さんに持ちかけなかったのか、今となって激しく後悔しているのですが、とはいえ、そんな俺のトホホ…な事情をここで長々と書き続けるわけにもいかないので、そろそろ前を向いて頑張ります。

とはいえ、ここまでの一連の文章がいつもより心なしか大きな文字で綴ってあることは、みなさんお気づきでしょうか？　なにも文字数をかせごうとして、姑息にも文字倍率をかけているわけではないのですが、ウソです、かけているのですが、そんなギミックもそろそろ限界に差し掛かっている気がしないでもないので、ここらで自粛しときます。
連載降ろされるのも普通にヤダし。

とはいえ、一度この大きさで書き始めてしまうと、それはそれで楽チンだし、読者の方だって単純に読みやすいだろうし、書き手にも読み手にも実はとても優しい大きさじゃないかと思わなくもないのですが…そうですね、そろそろ本気でやめときます。連載降ろされるのもめちゃめちゃヤダし。

そんなこんなで、舞台『時計じかけのオレンジ』をともに闘い抜いた盟友・小栗旬くんからのおすすめの一本は、

ミシェル・ゴンドリー監督作品『エターナル・サンシャイン』

旬くんが、「俺、恋愛映画って全然観ないんスけど、この映画だけは大好きなんですよぉ」と紹介してくれたのが、これ。

ケンカ別れしたカップルが仲直りしようとした矢先、気の短い彼女（ケイト・ウィンスレット）がとあるクリニックに依頼して彼氏（ジム・キャリー）の記憶をいっさいがっさい消し去ってしまい、ヤケを起こした彼氏も彼女の記憶を消そうと治療を受けるのだが、その途中、「やはり僕にはこの人しかいない！」と思い立ち、消え去る記憶にガシガシ追われながら、最終的にミラクルを起こして再び二人は結ばれる…っていうのが、ざっくりとしたストーリー。

なので物語の大半が、彼氏の脳内を舞台に繰り広げられる、『脳内ファンタジー』ってわけ。この手の映画は、『マルコヴィッチの穴』もそうだけど、主人公の夢の中にいるような設定

で話が進むため、その展開や構成、エピソードに至るまで非常に自由度が高く、なんでもアリの面白さがある。

この作品も例外ではなく、恋人との別れから出会いへと逆行する記憶の中で、彼女の記憶を消されてるものか！　と記憶中の彼女を、自分の記憶から記憶に連れ回すスピード感や不条理感は観ていてとってもスリリングだし、滑稽だし、ラブストーリーという骨格も手伝ってやたらと切ない。

や、さすがにアカデミー賞の脚本賞を獲得しただけありますな。

本当に凝ったストーリーで、単なる恋愛モノの枠には当てはまらない独特の魅力がありまする。日本ではイロモノ役者の印象が強いジム・キャリーの絶妙に繊細な演技も見所の一つであります。うん、本当にいい映画だ、これ。

さてさて、そんな旬くんに俺からもとっておきの恋愛ムービーをご紹介っ！

石井輝男監督作品『異常性愛記録 ハレンチ』

ジム・キャリーが恋人の記憶を消さないことに一生懸命になるならば、この映画は、観たこと自体の記憶を懸命に消したくなるぐらいのハードパンチャー。

それぐらいアブノーマルな恋愛模様が延々ディープに展開されるのだけど…心配ご無用。

主人公の変態男は、ちゃんとラストで愛する女の目前で雷に打たれて丸焦げになるから！

ハッピーエンドもいろいろだね、なんだかやたらと気分爽快になるもん。

今度、旬くんのお家持ってくから、一緒に観ようぜ！

で、観たそばからイヤーな気分になって、すぐに観たこと忘れようぜ！

河原お返し DVD

『異常性愛記録 ハレンチ』

発売中／ DVD ￥3,800＋税
発売元：東映ビデオ
販売元：東映

今、振り返って…

この映画はすごく観やすかったです。僕はアカデミー賞作品っていうだけで食わず嫌いになってしまうから、観たことはなかったんですけど。でも、いいものはいいんだなって思いました。返しは『異常性愛記録 ハレンチ』。…病んでた、としか言いようがないですね。『エターナル～』がすごくキラキラしてる、その真逆がコレ。スタートから鼻の穴をアップにしている映像がずっと流れるんです。いや、カッコいい映画なんですけどね。70年代の東映とか、ピンク映画が全盛の時に活躍されていた監督が撮ったやつですから。一緒に観ようぜ！　とか書いてますけど、まあ、一緒には観られないですよね…。僕が紹介している映画なんて、読者は絶対スルーなんでしょうね…。でも読者は自分が好きな役者の好きな映画が知れるんですから。もう僕のことなんてほっといてもらっていいですよ！

EPISODE 11

撮影／ HIROHISA NAKANO

永山絢斗
Kento Nagayama

●プロフィール
ながやま・けんと
'89年３月７日生まれ。東京都出身。
'07年に俳優デビュー。
'14年には、映画『クローズEXPLODE』『クローバー』、
ドラマ「モザイクジャパン」「聖女」「ごめんね青春！」など、
数々の映像作品に参加。
今後、ドラマ 「６４（ロクヨン）」（NHK総合）などに出演する。

永山絢斗さんおすすめ DVD

『アムステルダム・ウェイステッド！』 廃盤

はじめまして。
俳優をやっています、永山です。
この映画は…ストーリーそのまま、
観ていると気持ちが悪くなるというか…。
でも、忘れられない作品です。
観られたことはあるかもしれませんが。
よろしくお願いします。

読者の皆様、湯加減いかがですか？

どうも。

『ご機嫌いかがですか？』と素直に書き出せないウルトラ☆シャイボーイの**俺です、河原雅彦です。**

や、唐突ですが今、相撲界は大変ですね。

先月まではあまりの多忙さに「つらい、つらい」を連発していた俺ですが、八百長力士の未来を思えば全然へっちゃらですよ。

だって、急転直下で力士から**ただのふとっちょ**になっちゃうんですよ、あの方達。

まさに、**牙を抜かれたセイウチ**ですよ。

ホントこれからどうするんだろ…？

ちゃんこ屋に転向したって、なんだかボラれてる気分になっちゃうもんなあ、お勘定の時。

暴露本出して小銭稼ぐとか、用心棒やるとか、ドカチンやるとか、毒舌覚えてマツコ・デラックス目指すとかしかないでしょう。

まあ、なにもこのページで八百長力士達の今後を憂う必要もないですね。

ふと我に返ったところで、**どすこい！**っと本題をば。

今回、俺を染めて下さる俳優さんは、瑛太くんの弟さんでも知られる若手実力派・永山絢斗くん。

あん、もう…兄弟揃ってカッコいいってどうなのよ？

うちの弟なんか大村崑だよ、桃屋の崑！

そんな永山くんのことだから、トンがったカッコいい映画を紹介してくれるんだろうなあと思ってたら、これが期待にそぐわぬ作品でございました。

イアン・ケルコフ監督作品『アムステルダム・ウェイステッド！』

まああああああ、スタイリッシュ！！！

オランダはアムステルダムのアンダーグラウンド・シーンをズブズブっとえぐったドラッグ・カルチャー・ムービーなんスけど、ガイドブックにゃ絶対載せられない若者達の狂った日常がハイスピードで展開しまくってます。

なにせ大麻が政府の管理下のもと合法だっつうハチャメチャな国ですから。

主人公が自宅で栽培している大麻に、お水代わりのハイネケンを当たり前のようにドバドバあげてる描写なんて、あまりにクールで笑っちゃいましたよ。

ストーリーは実にシンプル。

田舎町からアムスにやってきた仲良しドラッグ・カップルが危険なトラブルに巻き込まれて、さあ大変！　…的な実にありきたりな話なんだけど、この作品の見所は全編にわたって鳴り響くテクノビートに乗ってスピーディーに進む、他に類を見ない斬新なデジタル映像。

監督の狙いである『ドラッグを体験したかのようなラリラリ映像』は見事に功を奏し、観ているこっちまでヤク中気分にどっぷり浸れます。

もちろんいけないことなんですが、やっぱ楽しそうですわ、ドラッグ。

これが本当にドラッグやってる感覚だとしたら、ゆがんだ七色の世界に見えるのね。現実逃避にゃもってこいだわ。

八百長力士達が手を出さないことを祈るばかりですよ、結局この話に戻っちゃうけど。

アムス行っちゃだめ、力士達！

両国。両国でちゃんこ屋やりなさい、多少ぼってもいいから！

EPISODE 11 永山絢斗 Kento Nagayama

あ、あと主人公の女の子が本当に可愛くてエロくて細いのにおっぱい大きくて、俺自身は本気でアムスに永住したくなっちゃいました。

しかしこんな映画がフェイバリットとは…永山くんよ、マジで気をつけてね。


さてさて、そんな永山くんにお返しの俺的おすすめムービー。

本多猪四郎監督作品『マタンゴ』

東宝変身シリーズの大傑作なんだけど、俺が知るNO．1ドラッギー・ムービー。

無人島に漂流した若者達が、食うに困って変テコキノコを食べてサイケな幻覚を見るようになり、やがてはみんなで等身大のキノコ人間になっちゃうの。

この作品の秀逸なところは、ドラッグを通じて人間の恐ろしさを描いているところ。

どんなに頑張ってもドラッグは決してこの世からなくならないわけで、ならばどうやってそれと距離を取るかは我々の問題であって、ようは一番狂気をはらんでいるのは人間だって、そういう話ですよ。

実際、八百長相撲もなかなかなくならないと思う。

いかにそれと距離を取って相撲人生を送るか、全ては力士自身の問題なのである。**…と、なんだかんだで相撲締め！**

河原お返しDVD

『マタンゴ　期間限定プライス版』

発売中／DVD ¥2,500
発売・販売元：東宝

今、振り返って…

なかなかレアな作品だったけど、この機会に観られて本当に良かった映画でした。ミシェル・ゴンドリー監督作品に通じるオシャレ感があって。ドラッグカルチャーをファッションとして描いているし、なんかそういうものに惹かれる時ってあるんでしょうね。刺激的な作品でした。お返しは『マタンゴ』。日本人なら日本のドラッグムービーをちゃんと観ておいたほうがいいっていうのが、この作品。絶対観るべき映画だ、と思ってます。しかし、文中で時事ネタとかも書いてますけど、いまや何だか分からないですね。なんでこんなに穿ったことを書いてるんですかね…？　"力士自身の問題なのである"とか。勘違いしてますね(笑)。

EPISODE 12

鈴木杏

Anne Suzuki

●プロフィール
すずき・あん
'87年４月27日生まれ。東京都出身。
幼少期より女優として活動。
近年の主な出演作に、
映画『ヒミズ』『ヘルタースケルター』『さよなら渓谷』など。
今後、ロンドン・NYにて上演の舞台「海辺のカフカ」に出演。
２月20日公開の映画『花とアリス殺人事件』では声優を務める。

鈴木杏さんおすすめ DVD

『ラブ・アクチュアリー』

もうなんかタイトル通り、愛に溢れています。
自分の中にある毒がすーっと抜けていくような気がします。
愛、たいせつ。
河原さん、(舞台)「時計じかけのオレンジ」、真心一座、お疲れさまでした。
またばったりお茶、したいです。俺パラもまた遊びに行きます！

発売中／DVD ￥1,429＋税
発売・販売元：NBCユニバーサル・エンターテイメントジャパン

読者の皆様、ドン小西！

どうも。

『ドン小西』と『こんにちは』は似ても似つかないと知りながら堂々と書き切った**俺です、河原雅彦です。**

や、すっかり春ですね！

ルンルン気分がはばかられるこのご時世ですが、今回も映画の話ガシガシしちゃいますよ、超張り切って。

こういう時ほど娯楽が大切ですよ！！！　もうね、超大切！！！

息、詰まらせる時は真摯に息を詰まらせて、息、抜く時はとことん心ゆるませる。

そういう意味で、今回ほど素敵な映画に出会いたいと思うことはないですな。

不吉な映画だったら、これまで死ぬほど観てますもん。

とはいえ、基本、不吉ムービーしか愛せない俺の心にズブズブっと刺さる、そんなミラクル作品を果たして紹介してもらえるのか…？

そんなハードルの高さに一抹の不安を抱えた俺を染めて下さる俳優さんは、ウルトラピュアな存在感で、映画にドラマに舞台に大活躍の演技の申し子・鈴木杏ちゃんです！

やあ、杏ちゃん、久しぶりっ！

いつだか下北沢の飲み屋でわびしく一人飲みしている俺に、偶然やってきた君は気さくに声をかけてくれたね。

薄暗いお店だったけど、君はスーパーサイヤ人さながら輝くオーラであたりにあたたかい光を灯していたよ。

その後もヤクザな演劇おじさんのしょーもない話に笑顔で付き合ってくれて…。

「一家に一人、君がいるといいのに…」

本気でそんなファンタジックな気持ちになったよ。

「俺が寝たきり老人になったら、君に介護を頼むよ…」

ファンタジーが度を超して、勝手にそう決めさせてもらったよ。

杏ちゃんなら、ブラックな俺を聡明なブルーに…可憐な桜色に…いやいや、むしろ透き通るようなホワイトに染め上げてくれんじゃないかしら?

そんな淡い期待を胸に、杏ちゃんから届いた作品は、

リチャード・カーティス監督作品『ラブ・アクチュアリー』

おお…処女膜、完っっっ全に破れたよぉ。血じゃなくて、涙ダボダボ流れた。

41歳にして、生まれて初めてラブストーリーなるシロモノに感動したよぉ。

135分の上映時間の間に、どんだけ心温まる愛を詰め込めば気が済むんだ…ってくらいのLOVE波状攻撃!!!

楽しんごだって、ここまでのLOVEはとてもじゃないけど注入出来ないです。

愛すべきダメ男を演じさせたら右に出る者はいない名優・ヒュー・グラントを筆頭とするキャスト陣の好演もさることながら、なにはさておき脚本が秀逸!

19名ものメインキャストが織りなす9通りの愛の形を同時多発的に各所で展開させ、それらが思いも寄らぬところで絡み合い、フィナーレの地・ヒースロー空港で一つ一つの物語が超ハッピーに結実するという、非常に練られまくった上質なストーリー展開には、思わず何度も感嘆の声を漏らしちゃいましたよ。

あまりにハッピー過ぎて、さすがに出来過ぎな感は否めませんけどね。


でも、全然いいんです!

「この映画でLOVE注入しまくんぞ、オラ！」っていう監督さんや役者さん達の覚悟をめちゃめちゃ感じるんですもの。

9通り全ての話に、甘く切なく心あたたまる愛が詰め込まれているわけだけど、個人的には、言葉が通じないポルトガル女性のお手伝いさんに恋をするサスペンス作家さんの話がアホみたいに良かったです。

ま、とにかく観てみて下さい。ホント損はしないですから！

やー、この連載やってて良かったって、今回、心の底から思いました。

では最後に、俺を見事に染め上げてくれた大恩人の杏ちゃんに最上級のラブストーリーをお返ししなきゃだわ。

大人気シリーズ4作目『バタリアン・リターンズ』

…杏ちゃん、ごめん。これが俺の精一杯。

でもねでもね、この映画、ホラーを超えてホント深いのよぉ。

ただのゾンビ映画じゃないから！　むしろテーマは『愛』だから！

「ゾンビになった恋人を果たして人間は愛せるのか…？」

ねっ？ ある意味、究極のラブストーリーでしょ？

「全然深くないですよ！！！」って杏ちゃんの声が今にも聞こえてきそうなので、以上をもちまして今回の原稿を逃げるように終わらせていただきます。

河原お返し DVD

『バタリアン・リターンズ』

廃盤

今、振り返って…

新鮮でした。『ラブ・アクチュアリー』を観ておくといいんだなって勉強になりました。若い女性と話す時、いまだにこの作品を話題に出しますもん。色んなところで起きている出来事が、最後にひとつになるんですけど、構成力があってすごく良くできた映画だなぁ、と思って。とても杏ちゃんらしいおすすめでした。でも哀しくなりますね…誰にでも愛されるポップな映画に対して、『バタリアン・リターンズ』を返して…。自分の中の恋愛映画となると、この映画なんでしょうね。僕も人間同士の恋愛に感動できるようになれればいいなと思います。でも『バタリアン・リターンズ』は僕にとっての『ラブ・アクチュアリー』。ゾンビとの恋愛は生きるか死ぬか。ね、切迫感が違います。やっぱ恋愛は命懸け。

EPISODE 13

©anan／小笠原真紀

綾野剛

Go Ayano

●プロフィール

あやの・ごう

'82年１月26日生まれ。岐阜県出身。

'03年にドラマ「仮面ライダー555」でデビュー。

連続テレビ小説「カーネーション」で注目を集める。

待機作に、映画『新宿スワン』(春公開)、『ピース オブ ケイク』(秋公開)、『S -最後の警官-THE MOVIE』('15年公開)などがある。

綾野剛さんおすすめDVD

『コントロール　デラックス版』

静かな痛みが豊かです。
銃撃ったことありますか…？

発売中／DVD ¥3,800＋税
発売元：スタイルジャム
販売元：NBCユニバーサル・エンターテイメント

どうも。

最近は読者の方々への無理矢理なあいさつから始めているこの連載ですが、あまりに無理矢理過ぎて自分で読み返しても相当うんざりしてきたので、今回はいたって普通に書いてみました、**俺です、河原雅彦です。**

私事ですが、今月は久々に暇してる時間が多くございましてね、これまでの忙しさが嘘のような毎日を送っておるわけですが、いざ休みが続くとなにをして過ごせばいいやらさっぱり分からず、逆に具合が悪くなっとる始末でして…。

一人で旅行に行くほどアクティブじゃねーし、友達と遊ぶほど友達もいねーし、これといった趣味もねーしで、結局アレですよ、夜な夜な酒飲みながらＤＶＤ鑑賞三昧ですよ。なので、今月は果たして何本映画観るんだって勢いで見倒している俺なのですが、ほっとくとホラーばっかり観ちゃう俺でもあるわけで、いやー、ホントこの連載やってて良かった良かった。

このままいったら確実に、『仁義なき戦い見終わって映画館を出たら菅原文太』さながら、『家を出たら豚の内蔵くわえて白目でユラユラ街を徘徊』コースでしたもの。

検挙…検挙されちまう。せっかくの貴重なオフ期間に。

犯罪者になる前に、どうか俺の人生、スタイリッシュに染め上げて下せえ！

ってんで、今回のおすすめ映画提供者は、堅実な演技力を持つ一方、ミステリアスな魅力に溢れ、ドラマ・映画業界でめきめきと頭角を現している綾野剛くん。

初対面の綾野くんだけど、スタイリッシュな君ならばきっと俺を救ってくれるハズ…と、そんな期待を大いに込めまして、綾野くんご推薦映画をレッツ・ムービー！！！

サム・ライリー主演作品『コントロール』

監督さんの本職が、数多くのロックスターを撮り続けているおしゃれフォトグラファーということで、全編モノクロ&美しいカメラアングルで埋め尽くされてるこの作品。や、さすがにスタイリッシュ！！！

ロック愛好家の中で、今や伝説のバンドと化したジョイ・ディヴィジョンのカリスマボーカリスト、イアン・カーティスのはかなくも短い人生を描いた映画なんですな。

なにせ23歳で自殺しちゃってますから、この人。

バンドも追い風に乗ってまさにこれから！って時期に、突然自宅で首吊っちゃって、アルバムも2枚しか残してないっつうね。

なのに、独特の倦怠感と憂鬱感に支配されたその歌詞やサウンドは、絶対晴れの日には聴きたくないけど、自分も学生の頃、もんもんとハマったものでした。

で、この手の〝破滅型ミュージシャン伝記モノ〟って、ドアーズのジム・モリソンやらセックス・ピストルズやらいろいろあるんだけど、この作品ほどヒューマンドラマでごり押ししてくんのは珍しくて。

もちろん、当時のイギリス音楽業界の熱や、ちっぽけな若者がどんどん駆け上がってくるサクセスストーリーとしても楽しめるんだけど、大概は『成功がもたらす身の破滅』みたいなテーマに落ち着くわけよ。

けど、これまで俺も知らなかったけど、イアン・カーティスを死に追いやったのは不倫による板挟みってヤツでして、これがどうにもしみったれてるの。

ロックスターならゲロ吐くほど女を抱いて捨てて抱いて捨ててすりゃいいのに、イアンってやつは変に律儀というか、恋愛に純粋過ぎるというか、もはや一般人でもこんな深刻に悩まねーよって言いたくなるぐらい、〝ロックスターの伝記モノ〟としては異色の作品で。極彩色に彩られるほど派手な音楽業界で、文字通りモノクロな生き方を通しちゃった若者による悲劇だったんですなイアンの人生は…っていうのがよぉぉぉく分かりました。

当時、自虐的でいて、とことん世界を諦めている歌詞の数々に、「ああ…カッコいいなあ」って思っていた俺だけど、それがまさか不倫に翻弄されていた自業自得な想いを綴っていただけなんて…と軽くショックを受けました。

でも、そんなアホみたく弱過ぎる男だったから、逆に人を惹きつける魅力を存分に発揮出来たのかも知れませんね。

どんなに夢や希望を高らかに歌っても、しょせん世の中、しがらみだらけで地味に頭を悩ますどよーんとしたアレコレで覆われているもの。

さて、内蔵くわえて街を徘徊しそうな俺を、恋愛のもつれで首吊っちゃいそうになるテンションにシフトチェンジしてくれた綾野くんにお返しの一本。

デイヴィッド・クローネンバーグ監督作品『ザ・フライ』

天才科学者が恋愛のもつれで蝿人間になっちゃう素晴らしいお話だよ！

同じ天才でもイアンもこれぐらい根性あったら絶対死ななかっただろうに…。ま、結局最後は恋人に頭撃ち抜かれて死んじゃうけどね、ホントいい映画っス！

河原お返しDVD

『ザ・フライ＜特別編＞ フォックス・ムービー・レジェンド WAVE 3』

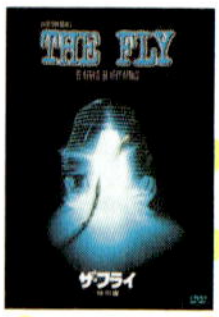

発売中／ DVD ￥1,419＋税
発売・販売元：
20世紀フォックス・ホーム・エンターテイメント

今、振り返って…

ジョイ・ディヴィジョンっていうバンドは、僕らが大学生のころ、音楽マニアの人達のカリスマだったんです。ご多分に漏れず僕も好きで。ボーカルのイアン・カーティスは自殺したんですけど、残された人達で作ったバンドが世界的ヒットを出すんですよ。それもあってなおさら伝説の人になった訳ですけど、その人の伝記物っていうのかな…決して面白いものではないんです。ドアーズとか、カート・コバーンとか破滅型ミュージシャンって、大体伝記物の映画になるんですけど、そのミュージシャンが好きだったら面白いと思います。僕はジョイ・ディヴィジョンを知っていたから、興味深く観ましたけど。で、『ザ・フライ』をお返ししてますね。この作品、海外では舞台にもなってるんですけど、いつか僕も舞台でやってみたいなぁ…。

EPISODE 14

福士誠治

Seiji Fukushi

●プロフィール

ふくし・せいじ
'83年6月3日生まれ。神奈川県出身。
'01年に芸能界デビュー。
最近の出演作に、
映画『東京難民』『L♡DK』
『THE NEXT GENERATION -PATLABOR-』
『ゴッドタン キス我慢選手権THE MOVEI 2 サイキック・ラブ』、
舞台「365000の空に浮かぶ月」などがある。

福士誠治さん おすすめ DVD

『ノーカントリー　スペシャル・コレクターズ・エディション』

全体的にカット割りがすごく好きです。特に、殺人シーンのカット割りなど。いちばん気に入っているのは、電話が鳴ってピストルを撃つ場面です。

河原さん、ぜひ今度、お仕事ご一緒したいです!!

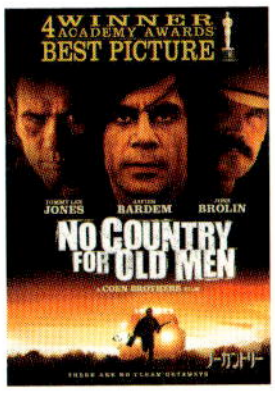

発売中／DVD ¥1,429＋税
発売・販売元：パラマウント ジャパン

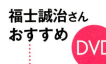

どうも。

この夏、近所の区民プールにがむしゃらに通い詰めてる**俺です、河原雅彦です。**

まあ、舞台の演出家なんてものを生業にしてますと、とかく運動不足になりがちなもので、日々、頑張って泳いでいるのですがね、久しぶりに泳いでみると、どうかと思うほど前に進まないわ、息継ぎで水飲んじゃうわ、そもそも満足に水に浮かばないわでめちゃめちゃブルーなわけですよ。

後から泳いできた小学生（しかも女子）に余裕で追い越されますからね。

濡れ髪から塩素まじりの水滴をぽたぽたこぼしながら、肩を落として家路につくエブリデイ。なもんで、あまりに悔しいからビート板から始めてますよ！

あれ、超いい。

超浮く。

超手放せない。

金髪の42歳がビート板の助けを借りながら懸命にバタ足している絵面は我ながら微妙もいいところですが、その甲斐あって最近ちょっとずつフォームが固まってきましてね、先日、隣で泳いでいた御歳60歳ぐらいのおじいちゃんを初めてクロールで抜き去ってやりました。

ありがとう…ビート板。

ありがとう…おそらく健康のためにマイペースで泳いでいただけなのに、勝手に好敵手に指名されちゃった**どっかのおじいちゃん。**

そして待ってろ…どっかの小学生！！！

と、まあ、そんなどうでもいいこと言うてますけども、ぼちぼち本題に入らな無駄に文字数ばかりがかさんで後が困るっちゅうことで、今回、素敵な映画を紹介して下さる俳優さんは、期待の正統派美形俳優・**福士誠治くん**、そして気になる推薦作品はズバリ！

コーエン兄弟監督作品『ノーカントリー』

おっと、コーエンブラザーズ。

もうね、普通に全部観てますよ。見逃せないでしょ、この人達が撮る映画！


って、嘘。


確かにいっぱい観てるけど、唯一これだけ観てなかったの。

個人的にコーエン兄弟は『赤ちゃん泥棒』『ビッグ・リボウスキ』『オー・ブラザー！』のような脱力系コメディ系が大好きなのね。

『ファーゴ』に代表されるどえりゃあヒリヒリする犯罪モノもこの人達の得意技でもちろんそっちも大好きだけど、なにせ『ノーカントリー』はアカデミー賞で4部門受賞を果たすなど、彼らを一気にスターダムに押し上げた作品。

デビューからずっと見守ってきたファンにとって、通好みだった彼らが急にメジャー監督扱いになってしまい、なんだか違和感抱いちゃったわけ。

しかも、コメディじゃなく犯罪モノだったから「ふん、あえて観ません！」って。…ま、完全に一方的なやっかみだけどね。

そしたら今回福士くんがすすめてくれて。

だから、観る前に心の中でコーエン兄弟に言ってやったのさ。

「ホントは全然観たくないんだからね！　二枚目の男子が観なさいっていうから、その二枚目に免じて観るんだからね！」

…で、観たらスゲー面白かった。

なにコレ?! これまでムキになって観なかった俺、完全にバカじゃん…。

うんもう、さすがだよコーエン兄弟！！！

セリフを極力排除し、絶妙のカット割りで緊張感をぐんぐん上げていく彼ら独特の編集センスに終始手に汗握る握るっ！ まさに「これぞ映画」って感じ。

麻薬がらみの連続猟奇殺人を老保安官の回想目線で物語りつつ、現代アメリカ社会の底なしの暗部を観客にドバシャッ！ と突きつけるという、ただのクライムサスペンス通り越して、もはや社会派映画の傑作だと思います。

なるほどねー、どうりでアカデミー獲っちゃうわけだぁ。立派になったなあ、コーエン兄弟……なあんて、すっかり意地になってた俺の心をほどいてくれた福士くんに、心からの感謝を込めてお返しの一本っ！

石井輝男監督作品『やさぐれ姐御伝 総括リンチ』

新興ヤクザが幅を利かせる日本社会の暗部に、俺的NO．1銀幕のヒロイン・池玲子が巨乳をゆっさゆっさ揺らしつつ、日本刀片手にひとり全裸で立ち向かう痛快クライムポルノムービー！

やー、70年代の日本映画って、なんでこんなに突き抜けてるんでしょ。

福士くん。これぞ我々にとっての『ノーカントリー』ですぞ！！！

河原お返し DVD

『やさぐれ姐御伝　総括リンチ』

発売中／DVD ¥4,500円＋税
発売元：東映ビデオ
販売元：東映

今、振り返って…

コーエン兄弟は毎回外れはないですね。僕のおすすめはコーエン兄弟だったら『ビッグ・リボウスキ』。彼らは今や巨匠になっちゃいましたけど、初期の作品とかはやっぱり好きですね。でも『ノーカントリー』をいざ観たら、やっぱり面白かったです。カット割りがすごく好きですってコメントしてくれてるんですけど、ちょっとボケた感じの映画とかを観て育っている僕としては、映画をそういう風に見るんだぁって、新鮮でした。返してるのは、石井輝男監督作品。なんでこの作品だったんだろう…。"これぞ我々にとっての『ノーカントリー』ですぞ!!!" って締めてますので、もう、ひとりじゃおぼつかなかったのか…。"我々" って…誰と誰のことを言ってるんだろう(笑)。でも『やさぐれ姐御伝 総括リンチ』っていい映画なんですよ。"カッコいいとはこうだぜ！" みたいなところでこの作品を返したんでしょうね、きっと。

EPISODE 15

小出恵介
Keisuke Koide

●プロフィール
こいで・けいすけ
'84年2月20日生まれ。東京都出身。

'03年に芸能界デビュー。

最近の主な出演作に、映画『イン・ザ・ヒーロー』、ドラマ「吉原裏同心」「Nのために」など。

今後、出演映画『ジョーカー・ゲーム』(1月31日)、『十字架』('15年秋)などが公開される。

小出恵介さん
おすすめ DVD

『ALL THAT JAZZ』

河原さんにはフォッシーばりに、イケイケの演出家になっていただきたいです。

最近はよくお会いしますね！

筋肉痛大丈夫でしたか？

早く作品でもお会いしたいです！

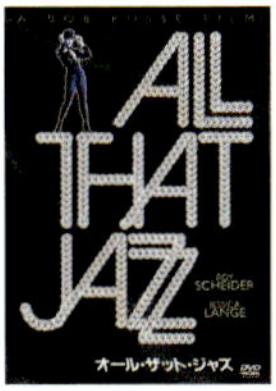

発売中／DVD ¥1,419+税
発売・販売元：20世紀フォックス・ホーム・エンターテイメント

どうも。

前回の冒頭で、この夏、区民プールに通い詰めてる自慢を偉そうにかましていたにも関わらず、今ではパッタリ行かなくなってしまった、**俺です、河原雅彦です。**

だって、すんげー疲れるんだもん！　クロール全然上手くなんねーし！

なんなら25m行かないうちに、クロールしながら沈んでいくからねっ。

けど、そこでやめるのも恥ずかしいからしばらくそのまま進むからねっ、全身に水圧受けながらっ。

そういう意味じゃ、普通に潜水するよりよっぽど難しいことやってるからねっ。

大体、魚類じゃあるめーし、いいよいいよ、別に水に浮かばなくてもっ！

……って、自分で書いててがっかりするぐらい、残念な夏だったっスー。

あーあ、こんなことならプールサイドで寝っ転がってお洒落な文庫本でも読んどきゃよかった。

つか、なんであんなところで文庫本読んでる人、多いんだろ。

言っとっけど、アンタら水着一枚つけてるだけで、**ほぼ裸ん坊だからね？**

よくもまあ、そんなハレンチな格好で人前で読書出来るよね。

そんなに裸でリラックスしたきゃ、家でやれ家で！（※一部の美女は除く）

でも、まあ、アレだ。

これ以上ここで区民プールの利用者相手にからんでいると、担当さんや読者のみんなにいい加減呆れられそうなので唐突に本題。

今回、素敵な映画を紹介してくれる俳優さんは、仕事はご一緒してないながらもなぜか最近ちょくちょくお会いする人気若手実力派俳優・**小出恵介くん！**

爽やか&実直なイメージでいっぱいの小出くんがチョイスしてくれた作品は、

ボブ・フォッシー監督作品『ALL THAT JAZZ』

わー、俺、これ、超大好き！！！

〝伝説の天才振付師〟と言われ、かの名作『キャバレー』を撮ったフォッシーが監督だし、ブロードウェイが舞台だし、タイトルからしてめちゃめちゃお洒落でクールなんだけど、いざ観てみるとどうかと思うぐらいぶっ飛んでるっていう、ね。

これさあ、もはやカルト映画って呼んでいいと思うよ。**踊るカルト映画。**

ま、踊るっつっても『ムトゥ踊るマハラジャ』的なノー天気度は皆無でさ。

酒とタバコと女とドラッグに溺れつつ、年がら年中、舞台演出の仕事に明け暮れる主人公のとことん破滅的生き様が、怒濤のダンスシーンを織り交ぜながら展開されるのね。

ショービジネスの裏側を描いた作品って、『コーラスライン』しかり『フェーム』しかり、おおよそ夢見る若者達のサクセスストーリーがほとんどじゃない？

転落人生のみを描いた映画なんて普通は観てもしんどいだけなんだけど…ところがどっこい、さすがはフォッシー！

そんな救いのない話を神懸かり的なセンスで楽しく魅せてくれます。

特に死に際の主人公の脳内で展開される妄想ミュージカルシーンは圧巻！！！

こんだけゴージャスな走馬灯が最後に見れたらさすがの主人公も成仏出来るわ…って妙にほっこりしてしまいました。

『キャバレー』が表フォッシーなら、『ALL THAT JAZZ』はある意味、自らの半生をフルスイングで自虐的に描いた完全に裏フォッシー。

EPISODE 15 小出恵介 Keisuke Koide

俺、全然こっちの方が好みだわぁ。何度も観直したくなる傑作だと思います。

やー、こんなとんでもない映画がフェイバリットなのね、小出くんてば。

全然、爽やかで実直じゃねーじゃん！
むしろ濁りまくりで破滅的じゃん！

ま、魅力的な人ほど一筋縄じゃいかないからね。うん、さすがさすが。

よし！ そんなイカれた…もとい、イカした小出くんにオイラはこの作品を送るよ。

ジョン・ウォーターズ監督作品『クライ・ベイビー』

俺が一番好きなミュージカル映画がコレ。

マツコ・デラックスみたいな主人公のオカマがマジで犬のうんこを頬張る『ピンクフラミンゴ』を撮ったカルト界の巨匠が、な・な・な・なんと若かりし頃のジョニー・デップ（これが映画初主演！）を迎え、クレージーな学園モノミュージカルを作っちまったっていうから、さあ大変！

リーゼント頭の瑞々しいデップが嬉々として大暴れしております。

この作品を観たティム・バートンがデップを気に入って、後々の黄金コンビに繋がったっていうのも首がもげるぐらいにいい話よね。

『カルトにこそ映画の魅力が詰まってる』っていうのが俺の持論なんだけど、君だったら分かってくれそうだ、小出くん！

〝心の友〟ならぬ、**〝カルトの友〟**って呼ばせて下さいませ、一方的に！

河原お返しDVD

『クライ・ベイビー』スペシャル・エディション

発売中／DVD ￥1,429＋税
発売・販売元：NBCユニバーサル・エンターテイメント

今、振り返って…

小出くんってすごくキャッチーな人ですけど、『ALL THAT JAZZ』が好きなんだ、と思うと、表のキャッチーさと裏の屈折感のギャップがいいですよね。この作品を観た時に、小出くんの内面を垣間みた気がしました。で、勝手に心配になって、『クライ・ベイビー』をすすめたんでしょうね。ジョン・ウォーターズ監督が初めてやった商業映画がこの作品で、ジョニー・デップの初主演作。それまで主にテレビ俳優だったジョニー・デップを、監督がこの作品で抜擢したんです。『クライ・ベイビー』も海外では舞台になっていて、日本でもできるかなと思って戯曲を取り寄せたら、思いのほか宗教観が強くて。日本で上演するのは難しそうですけど、この作品は好きですね。

EPISODE 16

小池徹平
Teppei Koike

●プロフィール
こいけ・てっぺい
'86年1月5日生まれ。大阪府出身。
音楽ユニット・WaTのメンバー。
主な出演作に、映画『サラリーマンNEO 劇場版(笑)』、
連続テレビ小説「あまちゃん」、ドラマ「ボーダーライン」など。
4月6日より日生劇場ほかにて、
出演舞台「デスノート The Musical」が上演される。

小池徹平さん おすすめ DVD

『フォーン・ブース』
フォックス・スーパープライス・ブルーレイ　WAVE 3

まず、コリン・ファレルがカッコいい！

それと、ほぼ電話ボックスでのハラハラするやり取りに時間を忘れてのめり込んでしまう。

そこが魅力です！

発売中／BD ¥2,381＋税
発売・販売元：20世紀フォックス・ホーム・エンターテイメント・ジャパン

どうも。

もう冬だというのに、しかも42歳にもなるのにそれでも週2回の半ズボンを欠かさない、

俺です、河原雅彦です。


ま、半ズボンって言っても膝丈なんで、すねの辺りがスースーするだけなんだけどね。それでもかなりやせ我慢しながら履いてるんスわ。

なんでそんなに意地になってるかっつうと、なんたってホラ、もういい加減おっさんじゃないですか、自分。で、こないだ洋服部屋に並んでる自分の服達をフト眺めてて、「あと10年もしたら、ここにある大部分の服は着れなくなっちゃうわ…」って思ったの切実に。

持ってる服の大半が、サイケなのやらロックなのやらホラーなのやら妙に可愛いのやらで、いわゆる〝年相応〟からは恐ろしくかけ離れてるわけね。

まあ、いくつになっても裕也ばりのロケンロール魂で着続けりゃいいだけなんだけど、さすがにどうかな？　ってモノも実際いっぱいあるんスよ。

100体以上のゾンビがびっしりプリントされたブルゾンとか、ドクロ模様がびっしり縫い込まれたショッキングピンクのニット帽とか、どストレートにヒョウ柄なPコートとか**やっぱ普通にマズいでしょ？**

でね、今のうちに着とくだけ着とこうと。で、まずは冬から半ズボンと。最近シックな方向に服の趣味も変わりつつあるけど、これまでこよなく愛してきた服達も堂々と羽織って行こうと。

そんなこんなで、読者にとってはどうでもいいにも程がある覚悟を長々と書いてきた俺ですが、えー、そうですね、そろそろ本題に入らねば文字数が無くなっちゃいますね。

さて、今回。フェイバリットムービーを紹介してくれるのは、男の俺でも思わず頭からむしゃぶりつきたくなる売れっ子ウルトラ美青年タレント、**小池徹平くん**であります！

そして、気になるその映画とは、

コリン・ファレル主演作品『フォーン・ブース』

はいはい、この手の作品ね。なんでもない日常を過ごしていた主人公が、突然理不尽な殺人者に命を狙われててんやわんやのスリラー・サスペンスね。

ただ、この映画が秀逸な点は、ひたすら主人公が命を狙われる特殊な状況にあって。『フォーン・ブース』とは『電話ボックス』って意味でさ、そのままズバリ！　そのシチュエーションの中心が、電話ボックスの中だったりするわけ。

大勢の人々で賑わう真昼のニューヨークのど真ん中で、突然鳴った公衆電話に何の気なしに出ちゃって、で、「電話を切ったらその場で射殺する」って唐突に言われて、「またまた悪いご冗談を」みたいに思ってたら、謎の電話相手は自分の私生活を隈無く観察してて奥さんの職場や浮気相手まで知られてて、とはいえ、「こんなところで白昼、狙撃なんてありえないでしょ？」って思ってたら、そばにいた通行人があっさり射殺されちゃって、で、道行く人達に殺人犯だと勘違いされちゃって、あれよあれよのうちに警察に囲まれちゃって、その様子がテレビで中継までされちゃって、野次馬に混じって奥さんと浮気相手まで駆けつけちゃって、だけどそれでも受話器は離せないっていう、とんでもない状況なわけ。

登場人物も少ないし、なにせ1シチュエーションで展開される物語だから、そのサスペンスっぷりったら顎が外れるぐらいにノンストップ！

最悪な状況にどんどん追い込まれていく中で行われる、主人公とマッドな殺人者との電話を介しての巧みな心理戦は、息も着かせないほどスリリングで、気がついたらエンドロールが流れてたって感じだったっス。

個人的には、謎の殺人者の描写が、大好きな『SAW』シリーズのジグソウを彷彿させる理不尽さで、そこんところも二重丸。

そっかぁ。徹平くんって、普段こんなの観て手に汗握っちゃってんだあ。

ヤダ、超意外ー！　ハラハラドキドキでほんのり湿った徹平の手、なんなら俺が隣で握ってあげたいー！

やっぱ心臓に悪い系の映画って面白いですね。こればっかりはやめられないですね。年甲斐も無い服だって、いくつになっても着続けていいのかもね。

そんな清々しい気分にさせてくれた徹平くんに、改めて真冬の半ズボンを決意した俺からお返しの一本。

アレクサンドル・アジャ監督作品『ピラニア』

もうね、これホント最高よ！　湖でバカ騒ぎする金髪ギャル達の無数のおっぱいと、数千匹の人食いピラニアがノンストップで大暴れしてるよ！　つか、本気でそれだけの映画よ！　かのジェームス・キャメロンが、「こんな低俗な3Dの使い方けしからん！」（編註・劇場公開時は3D）って激怒したぐらいだから。けど、俺的にはこれぞ正しい3Dの使い方だと腹の底から思います。これほど楽しいパニック映画は近年なかったと激しく言い切れます。徹平くんだけじゃなく、大勢の人達にお口あんぐりしながら観て欲しい、そんなアホアホなポップコーン・ムービーの大傑作。うんと頭をからっぽにして、とくとご覧あれ！

河原お返し DVD

『ピラニア』

発売中／DVD ¥3,800＋税
発売元：ブロードメディア・スタジオ
販売元：ポニーキャニオン

今、振り返って…

『フォーン・ブース』は、いい意味であとに残らない映画でしたね。こういうのを普段観ないから、こういう映画の楽しみ方をしている人もいるんだな、と思いました。お返しの『ピラニア』は、まぁ名作です。パニック＆ドキドキ映画で、ポップコーンムービーなら断然『ピラニア』がおすすめですよ！　おっぱいの大きい女の子がピラニアに食べられて、水中に死骸の断片が散らばってるんですけど、（豊胸のために入れた）シリコンが海面に浮いてて…。3Dのこんなくだらない使い方は最高に面白いし、ある意味正しい使い方だと思うんです。

EPISODE 17

染谷将太

Shota Sometani

●プロフィール
そめたに・しょうた
'92年9月3日生まれ。東京都出身。

幼少期より映画やドラマを中心に活躍。

今後、映画『さよなら歌舞伎町』(1月24日公開)、

『寄生獣 完結編』(4月25日公開)、『ストレイヤーズ・クロニクル』(6月公開)、

『バクマン。』(10月公開)、『先生と迷い猫』(秋公開)などに出演。

染谷将太さんおすすめDVD

『薄れゆく記憶のなかで』

※レンタル等でお探しください

監督の真摯さを感じる映画。

ラストが沁みます。

どうも。

さっそくですが、タイムラグ覚悟で新年のご挨拶。

明けましておめでとうございます、**俺です、河原雅彦です。**

去年の正月は、2日初日の小栗旬くん主演舞台『時計じかけのオレンジ』の準備に追われ、正月もへったくれもない残念な感じでしたが、今年は6日初日の『押忍!!ふんどし部!』の準備に追われ、正月気分はまたもお預け…。

若手イケメンくん達がひたすらふんどし姿で歌い踊る姿を年始から劇場で見守り続けるとは、**なんておめでたいっ!**

…と言いたいところですが、やっぱ女の尻の方が**断然好きな俺**なわけで。

そりゃそうでしょうよ。どっちに顔を埋めたいっつったら…**ねえ?**

昨年の暮れまで、蒼井優ちゃん主演のクソ真面目な古典舞台の演出をそれこそクソ真面目に担当していたわけですが、その際、ふんどし部の宣伝チラシを発見した優ちゃんに、**「ねえ、次はこれ?　次はこれなの?」**とグイグイ詰め寄られ死ぬほど言葉に詰まった俺…。

ま、無節操な仕事選びが俺の信条ですんで、2012年もアレやコレやのおもしろ舞台を精一杯作っていきたいと思います。

そんなこんなで、**今年もよろしくお願いします!!!**

さてさて、そうは言ってみたものの、趣味の映画鑑賞は相変わらず偏ったジャンル限定の俺に(ちなみに今年初鑑賞はロバート・ロドリゲス監督『マチェーテ』)、今回フェイバリットムービーを紹介してくれるのは、『ヒミズ』でヴェネツィア国際映画祭最優秀新人賞を受賞した若手大注目俳優、**染谷将太くん**であります。

とっても多才な染谷くん。なんでもとある映画のスピンオフで脚本監督を担当し、ショートムービーまで撮っちゃう優れ者ときちゃあ、こちとら期待も高まっちゃうよね。

で、そんな染谷くんおすすめの映画は、

篠田和幸 脚本／監督作品『薄れゆく記憶のなかで』

わー、この映画知らなんだ。

それもそのはず、「生まれ育った岐阜県長良川を舞台に青春映画を撮りたい！」と心に決めた監督が親から借金してまで作ったインディーズ作品（しかも初監督）ですもの。よって、脚本・監督・俳優全てがアマチュア。だけど、言い方を変えれば全てがプロフェッショナル！ 制作者がアマチュアだからこそ、隅々までこだわり切れる作品への熱き想いと、限られた青春時代を過ごす等身大の俳優達による瑞々しい演技があわさって、鑑賞後は心の奥底が無性にチクチクする素晴らしい作品となっております。

やー、とにかく全てが甘酸っぱくてホロ苦い！ そしてなにより痛い！

人間誰しも青春時代は通過するわけで、青春の形は人によって様々なれど、不器用で、精一杯で、異性にときめいて、将来への不安もあって、でも、はねっかえりで残酷で…みたいなあの頃特有の感覚って心のどこかにどうしようもなく残ってるじゃないですか。もうね、この映画はそこらへんを一つ残らず回顧させてくれます。

決してドラマティックな展開が続くわけでもなく、むしろ淡々とした時間の流れの中で、気がつくと観ているこっちが『あの時』にずっぽり入り込んでる…。

青春映画って観る側の年齢によって感じ方も全く違うし、よって優れた作品は何度観返してもいつでも新鮮で、その都度、別の感動に浸れるって意味でも不朽のジャンルなんだなあと改めて認識させられました。

EPISODE 17 染谷将太 Shota Sometani

ストーリー説明はヤボだからやめときます。

監督がこだわり抜いたロケーション・物語・編集、未完成だけど唯一無比な俳優達の演技、それら全てをぜひとも体感してみて下さい。

振り返ることも少なくなったあの時に立ち返ることで、明日の活力がわんさかもらえます。

確かにこの映画はインディーズだけど、特に青春モノに多くみられる〝同じものは二度と作れないだろう系〟としては、高岡早紀主演『バタアシ金魚』、大林宣彦監督『さびしんぼう』に匹敵する傑作だと断言いたしましょう。


やー、新年早々、マジで心洗われたぁ。

こりゃ染谷くんにも張り切ってお返ししなきゃってことで、今回俺のおすすめ映画は、**ドーン!!!**


河原雅彦脚本/嵐主演作品『ピカ☆ンチ』『ピカ☆☆ンチ』

思いっきり手前味噌になるけど新年一発目だからいいではないか。

今をときめく嵐の面々の『あの時』を切り取った貴重な映画には変わりないってことで許してちょ。これはこれで甘酸っぱくてホロ苦い青春映画ですわよ! **ずいぶんふざけているものの。**

ああ…やっぱ青春っていいなあ。

女の子の尻をいつまでも追っかけていこうと熱く心に決めた、そんな間違った2012年の抱負を記して今回の連載、めでたくおひらき!

河原お返しDVD

『ピカ☆ンチ LIFE IS HARD だけど HAPPY』

DVD&BD発売中/
DVD ¥4,700+税
発売元:ジェイ・ストーム

『ピカ☆☆ンチ LIFE IS HARD だから HAPPY』

DVD&BD発売中/
DVD ¥4,700+税
発売元:ジェイ・ストーム

今、振り返って…

『薄れゆく記憶のなかで』は、空気感みたいなものでずっと見せていく映画なんです。本物の俳優さんと、本当の学生さんを使っていて、瑞々しさとかリアルさとかが作品のキモになっている映画で。廃盤になっちゃってますけど、本当に好きなものを紹介してくれたんでしょうね。でも、10代の子がこんな作品をすすめてくれるなんてすごいな、と思いました。『ピカ☆ンチ』は青春繋がりですけど、戸惑ったんじゃないですかね、何を返していいのか…自分的に言うところの"新人類"に…。染谷くんは、演技とかを見ていると、リアルなものというか、嘘のないものが好きなんでしょうね。

EPISODE 18

水原希子

Kiko Mizuhara

●プロフィール
みずはら・きこ
'90年10月15日生まれ。アメリカテキサス州出身。
'03年からモデルとして活動し、'10年に女優デビュー。
以降、映画『ノルウェイの森』『ヘルタースケルター』
『I' M FLASH!』『プラチナデータ』『トリック-劇場版-ラストステージ』、
ドラマ「信長協奏曲」などに出演。
待機作に、映画『進撃の巨人』(夏公開)などがある。

水原希子さん
おすすめ DVD

『フェリスはある朝突然に　スペシャル・コレクターズ・エディション』

男の子の無敵のイタズラがとにかく可愛い！
「みんながハッピーになる嘘」を楽しんでみてください。

発売中／DVD ¥1,429+税
発売・販売元：パラマウント ジャパン

どうも。

連日の寒さと疲れと飲み過ぎで、現在無数の口内炎に襲われている、**俺です、河原雅彦です。**

もうね、痛くて痛くて泣きそうですよ、42歳にもなって。

つか、たまに普通に泣いちゃってますよ。

なにせ、**痛いものと重いものと組み立て家具**を心から憎んでる俺ですからね。

本当に辛くて仕方が無い…。

ま、〝痛み〟についてはよほどのドMじゃなきゃ好きな人はいないわけで、けど、なんで男ってだけで、〝重み〟や〝家具の組み立て〟を引き受けなきゃいけない空気がこうも蔓延しているのでしょう。

女子の代わりに重いもの持つことが果たして男らしさなのか…？

組み立て家具を涼しい顔でサラっと組み立てることが果たしてデキる男なのか…？

たとえ女性読者を敵に回そうと、それらの悪しき風潮にズドンと異論を唱えていきたい俺なのですよ。

あと、固く締まった瓶のフタを開けさせられるのもめちゃめちゃ嫌いだわ。

重いものが苦手な分、大好きなゾンビの話を嬉々としてやめない男はどうですか？

家具を組み立てない分、絶妙な猥談をところ構わず繰り出せる男はどうですか？

瓶のフタが開けられない分、何回でも新鮮な気持ちで稲中卓球部を読み返せる男はどうですか？

ダメですか？

ああ、そうですか。

そんなどうでもいい自問自答を電光石火で終えた俺ってどうですか？

ということで、そんなダメ人間に今回フェイバリット映画を紹介してくれるのは期待の美人若手女優・水原希子さん。

数々のファッション誌でモデルもやってるスタイル抜群の希子さんおすすめムービーはコチラ！

マシュー・ブロデリック主演作品『フェリスはある朝突然に』

ストーリーは『超』が100個付いてもお釣りがくるぐらい至って単純。

あまりの天気の良さに誘われた高校生が、仮病を使って学校をズル休みし、両親や学校の先生の目を盗んで大いに街で遊ぶ。で、誰にもバレずにこっそり自分の部屋に戻る。

たったこんだけの浮かれ話を実に甘酸っぱく魅力的な青春映画に仕立てるあたり、80年代のアメリカンムービーはやっぱ侮れないですわ。

「そんなの考えるぐらいなら学校行ってた方がはるかに楽じゃん！」と思わずツッコミを入れたくなる込み入ったアイディアの数々と、アホほど巧みな口八丁手八丁、そして何より類い稀な強運で度重なるピンチの波状攻撃をスイスイ切り抜ける主人公・フェリスの姿に感動すら覚えてしまうから不思議。

単なるズル休みを、時に壮大なアクション大作を彷彿させるスケール感でスリリングに描き切ってるところも遊び心十分です。

ま、フェリスなんて言っちゃえばただのダメ高校生なんだけどね。ちゃっかり可愛い彼女もいたりして、人生、何をやっても上手くいくただの憎ったらしい小僧なんだけどね。そんなお調子者をキュートに感じてしまうのは、当時人気絶頂だったアイドルスター、マシュー・ブロデリックの真骨頂と言ったところですな。

だって、ぜってーフェリスは重いもの持たないもの。ぜってー痛いのも嫌いだし、家具の組み立てもぜってー自分じゃやんないし、固いフタだって上手いこと誰かに開けさせるもの。ぜってー俺側の人間だもの。なのにそれが全て許されてしまうだろうあの感じって、もう、アレね。ひとえに愛嬌の差ね。

だから、映画を見終わった最初の感想は、一も二もなく**「欲しいぜ、愛嬌」**だったのでした。

さ。一本の映画を通じて、人生を謳歌することの素晴らしさ、そして自分の愛嬌の無さを骨の髄まで教えてくれた希子さんに、俺からのお礼の一本。

渡哲也主演 深作欣二監督作品『仁義の墓場』

ひたすら仁義に背を向けて、獣のように組織に牙を剥く薬漬け最凶ヤクザを、若かりし頃の渡哲也がクレイジーに大熱演!

仁義なきシリーズを筆頭に、ヤクザ映画全盛の70年代において、そのハードコア具合は恐ろしく群を抜いています。

なにせこのヤクザって実在の人物だからね。墓標に『大笑い、三十年の馬鹿騒ぎ』って辞世の文句を残して自ら命を絶った筋金入りのアウトローだからね。

俺もこの人見習って、一貫して重いものを持たない人生を送ろうと、ほんの今、固く誓いを立てましたよ! うん、俺、地味に頭おかしいですよ!

河原お返しDVD

『仁義の墓場』

発売中/DVD ¥4,500
発売・販売元:東映ビデオ

今、振り返って…

推薦していただくものは何かしら面白いなぁと思う所はあるんです。だからこの『フェリスはある朝突然に』も、そんな感じなんですけど、こういう作品がくると大体反動で、東映系の映画をすすめたくなっちゃうんです。男の子の無敵のイタズラがとにかく可愛い…って、こっちも、無敵だよ! っていう(笑)。僕は、(映画の世界観が)普段とは程遠いほど観たくなるし、普段味わえないことを味わうということをエンターテイメントに求めますから。でもたまにはこういう(『フェリスは~』)映画もいいんじゃないですかね。すごく疲れている時でも、面白いからみちゃうんですけど、とてもソフトでいい作品でした。

EPISODE 19

帰ってきた俳優

染谷将太

Shota Sometani

染谷将太さん おすすめ DVD

『ヒミズ　コレクターズ・エディション』

みんなの本気具合がスクリーンに出ていて、とても熱量のある作品です。パワーがある映画なので、観ていただいたらきっと活力剤になると思います。園子温監督の現場は、撮影が早いんですが、早くてもほかの現場よりもたくさん撮っているんです。全部本番で色んな方向から全シーン通しで撮影しました。園監督が役者を乗せるのがうまいので、僕もまんまと乗せられて…（笑）。すごくテンション高く撮影しました。

（河原のプロフィールを見て）きっと、この流れでいくと、石井岳龍監督とかお好きなんじゃないかな…。趣味が合いそうです(笑)。機会があったらぜひ河原さんとお会いしたいですね。

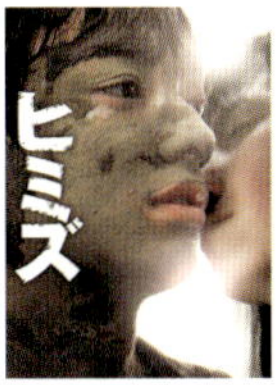

発売中／DVD ￥4,800＋税
発売元：ギャガ
販売元：ポニーキャニオン

突然ですが来月で43歳になります、俺です、河原雅彦です。

とはいえね、別に読者の皆様に心の中で祝え！と言いたいわけじゃなく、早い話が今回何も面白い書き出しが思いつかなかっただけでね。この調子でいくとおそらく次号は『先月で43歳になりました』、次々号は『先々月で43歳になりました』、年が明けても『結構前に43歳を経ました』的な、非常に安直が過ぎる文章をへっちゃら顔で書いていくと思います。どうぞ皆様、**大いに呆れてやって下さい。**

さて、すでにお気づきの方も多いと思われますが…**いやいや！**

言ったそばから大文字での否定、大変恐縮です。えー、気づかれてる方は人っ子一人いないと確信しますが、実はこの連載、最近担当者様が変わりまして。

で、それに伴い、いつもお会いするたびに「今度、しゃぶしゃぶでも！」と言いつつ、いまだしゃぶしゃぶをご馳走してもらっていない**しゃぶらせない編集長様**が、ご丁寧にご挨拶に来て下さったわけです、もちろんしゃぶしゃぶ屋じゃなくて仕事先近くの喫茶店に。

で、ご一緒された新旧担当者様を交え、雑談をしているうちに、自分勝手にこの連載をリニューアルしたくなってきましてね。これまでは推薦者のお薦めＤＶＤが手元に送られ、それを自宅で鑑賞し、その感想をシコシコ書く形で進めてきましたが、これからは、アレですな。

出来ることなら一緒に観たいですな、なんなら俺ん家で。

可愛い女優さんやモデルさんが来てくれるなら、桜色のティーカップで美味しいお紅茶とかお出ししちゃいますもん。お茶受けにちょぴりビターなビスケットとかお出ししちゃいますもん。小腹が空いてきたなんて言われようものなら、急いで土鍋にお湯を湧かして、薄いお肉をバンバンくぐらせちゃいますもん。

なーんて、どうでもいい妄想に駆られつつの新体制一発目。

今回のＤＶＤ紹介者は、**染谷将太くん！**

…って、前々回も染谷くんだったじゃん！！！　しかも完全にオスだし！！！

まあ、とっても有り難い話なんですけどね。こんなしがない演劇人の連載に、若手超演技派俳優さんが二度も登場してくれるなんて。

して、そんな染谷くんが今回紹介してくれる作品は、

園子温監督作品『ヒミズ』

…って、自分が主演の映画じゃん！！！　と言いたいところですが、園さんの作品はこれまでほとんど観ている俺ですので、早い話、大好物なわけですよ。

世間的には『愛のむきだし』で注目を集め、『冷たい熱帯魚』で大ブレークした感のある園監督ですが、この人が観る者に突きつけるモノって、今も昔も全くブレてないんですよね。

それは表層的な世の中の裏側に確かに存在している過酷な現実。園監督の扱う題材は社会問題になった事件や事象が多いのだけど、その裏側は想像を絶するぐらいに生々しく、夢であって欲しいと願うぐらい残酷で、どうしようもなく不毛で終わりが無い。そして、全ては人間誰もが持っている心の暗部によって引き起こされている。

園監督はそれらを映画というエンターテイメントに妥協知らずで置き換えてきたわけ。だからその描写は徹底的にハードコアで当たり前だし、笑っちゃうぐらいに過剰で当たり前だし、鑑賞後は鈍器で頭をカチ殴られたおもーい気持ちになって当たり前なんです。言っても、現実の方がよっぽど怖いんだから。

平々凡々と日常を送りたいだけの人々にとって、それらはあえて目を向ける必要が無いものだけに、これまで園監督の映画は観る者を選んできた感があったけど…さすがにもう無理ですね、なにかとこんなに病んだ世の中じゃ。今や、『時計じかけのオレンジ』のアレックス

ばりに、まぶたに強制ギブスをはめられても目をそらしちゃいけないクリエーターですよ。最新作『ヒミズ』においても、3.11の震災を背景に脚本を大幅に書き直したことが話題になりましたが、その過酷過ぎる現実を無視して、奇麗ごと並べてエンタメなんてやってらんねーよ！　という園監督らしい実直なアティチュードを思えば至極当然なわけで。作品のテーマである〝この社会を普通に生きる〟の根底が、あの震災で大きくねじ曲がってしまったのですから。そして主演を務めた染谷くん、二階堂ふみちゃんは、園監督の世界観の中でもはや演技というフィクションを超えて、奇跡的なまでに生々しく、痛々しく、ただただまばゆいばかりに存在している。

満島ひかりちゃんといい、でんでんさんといい、かつて園作品でブレークした人って、もちろんもともと素晴らしい俳優さんなのだけど、〝その力を引き出された〟って感じじゃないんだよなぁ。園ワールドに真摯に向き合ってカメラの前で切々と生き抜いた結果、それが単に演技として評価されたとでもいいますか。

『ヒミズ』の二人も彼らと同じく、名演技ならぬ名生き様を体現しております。

おっと、文字数がさすがにやばい。駆け足で、お返しに俺的おすすめ映画をば！

トム・シックス監督作品『ムカデ人間』

過酷さでいえば、こちらも引けをとりませぬ！　なにせ変態博士の手によって、三人の人間が肛門と口を接着されてつながっちゃうわけですから。最近断トツでイチオシの作品がコレ。ぜひ観てみて、染谷くーん！

今、振り返って…

『ヒミズ』は面白かったですね。（二階堂）ふみちゃんも、染谷くんも良かった。僕が若いころって、主役をやる俳優はみんな、華はあるけど、芝居は…っていう人が多かったんです。でも、このくらいの世代の子たちがすごい芝居をするっていうのが、今の特徴。だからこそなし得たと言ってもいい映画でしたけど、内容は全然原作の『ヒミズ』じゃなかったですね（笑）。園さんの映画に出ている俳優さんたちはみんな、普段見せる顔じゃない顔を見せるから面白いですよね。お返しが『ムカデ人間』。この時好きだった映画です。染谷くんには、何でも受け止めてくれる度量を感じたんじゃないですかね。

河原お返しDVD

『ムカデ人間』

発売中／DVD ￥3,800＋税
発売・販売元：トランスフォーマー

EPISODE 20

ローレンス・R・ハーヴェイ

Laurence R.Harvey

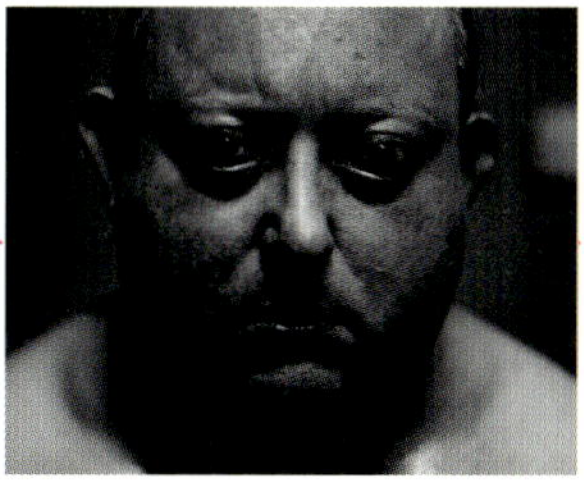

●プロフィール

ローレンス・R・ハーヴェイ
'70年7月17日生まれ。アメリカ出身。
主な出演作に、映画『ムカデ人間2』『The Editor』『ABCs of Death 2』『コール・ガール』(すべて'14／現在アメリカ公開のみ)などがある。
今後、出演映画『ムカデ人間3(仮)』が公開予定。

ローレンス・R・ハーヴェイさん おすすめ DVD

『小人の饗宴』

アートとエクスプロイテーションフィルム（※注）というジャンルがうまくミックスされていて、大好きな作品です。映画の中で、小人たちが大きな棒を持って振り回しながら向かい合うシーンがあるんですが、そこがおすすめですよ。

そして『ムカデ人間2』は、僕が演じるマーティンとアシュリン・イェニーとの素敵な愛のシーンがあるんです。彼女を彼が傷付けるところで一瞬ためらう場面があり、私はすごく美しいシーンだと思っています。そこにも注目して見てください。河原さんにはこの作品に素晴しい感想を持っていただいてとても嬉しいです。日本でも受けると思っていますので、こういう形で応援してもらえることに感謝しています。

発売中／DVD ¥4,700＋税
発売・販売元：東北新社

注：金銭的利益のために同時代の社会問題や話題を、映画の題材に利用したり、
ヒットした映画のわいせつな面に乗じたりするなどセンセーショナルな側面を持つ映画のこと。

奥さん、事件です!!! どうも。俺です、河原雅彦です。

いつもはグタグタグタグタと原稿序盤から無駄に文字数を稼いでいる俺ですが、今回ばかりはそうも言っちゃいられないDEゲスよ。

なにせ今回のおすすめDVD紹介者は初の外人さん!

しかも近年における俺的ムービースターNO.1。

『ムカデ人間2』に主演し、超ド級の怪演を狂喜乱舞で大披露してくれた**ローレンス・R・ハーヴェイさん**なのですもの!

…あれ? 俺だけ? こんなに興奮してんの完全に俺だけ?

そりゃそうだわな。CINEMA SQUARE読者の皆さんは『ムカデ人間』観ねーもんな。変態博士の手によって、三人の男女が肛門と口を接着されてつながっちゃう映画、大喜びで観ねーもんな。どう考えても映画秘宝寄りの作品だもんな。

そもそもだよ…? 偏った趣味の映画しか愛せないオイラの体質改善を計るための連載なのに、よりに寄ってこんな奇跡の人選をしてしまう担当編集者さんよ。

あんた、最高だぜっ!!!

…えっと、今回ばかりは仕事で原稿書いてる感ゼロでいいですか?

ほぼ日記。あるいは、ほぼほぼほぼブログ書いてる感じでいいですか?

『ムカデ人間2』はね、俺みたいな悪趣味マニアの期待を遥かに超える衝撃の続編となっておりまして、ストーリーの切り口たるや、〝前作はこの映画のためのただの布石だったのでは〟…と思っちゃうほど天才的に**超悪趣味**なわけ。

で、俺ってば、大変恐縮なことに、映画公開に合わせた推薦コメントまで書かせていただいててね、なにかとご縁があったのよ。

この手の仕事はこれまで何本もやらせてもらったけど、こんなに力が入ったことはなかったね。勢い余ってボツを承知で**7パターン**書いちゃったもの。
せっかくだからここで全部載っけちゃっていい？　ねえ、ダメ？
いいよね！　今回日記だもん。ほぼほぼブログだもん。

ボツ1　不朽の名作『エイリアン2』を遥かに凌ぐ超絶続編ムービーがここに誕生。変態度メガ・スケールアップ！　これに比べたら前作はディズニー映画です。

ボツ2　冒頭からエンドロールまで、「そんなアホな…」と呟いているうちにこの映画は終わります。変態大暴走の主人公がどんどんチャーミングに見えてくるから不思議！

ボツ3　僕なんかよりこの映画の主人公が推薦コメントを書くべきだ。だって世界中の誰よりも『ムカデ人間』を愛しているんだもの。こうなったらとことん世界に広げよう、友達ならぬムカデの輪っ！

ボツ4　かつてここまで画期的な続編があっただろうか…。前作以上に、この映画のオファーを受けた全ての俳優達に心からの敬意を。もちろん、いろんな意味で。

ボツ5　続編映画史上、他を寄せつけない狂乱の大傑作。エグい！　グロい！　間違いなーい！！！

ボツ6　モノクロで撮る必要性をここまで感じさせてくれる映画に僕はこれまで出会ったことがありません。観れば分かります。もう一度言います。観れば分かります。

採用コメント　この映画を観たタランティーノが、甲高い声をさらに裏返して悔しがる姿が目に浮かびます。オモシロが過ぎるもの、これ。

そんなわけで、ほんのちょっとでも興味を持たれたそこのアナタ達！
相当マニアックな映画館でしかやってないだろうけど、どうにか探してぜひ劇場まで足をお

EPISODE 20 ローレンス・R・ハーヴェイ Laurence R.Harvey

運びあれ！　もちろん数珠つなぎで！

さて、このままだとすっかり『ムカデ人間2』のPRで終わってしまいそうなので、ここにきて憧れのヒーロー様からの推薦DVDと、僭越ながら俺からの感謝と愛情をたっぷりお込めしたお返しDVDを一気に紹介。

ヴェルナー・ヘルツォーク監督作品『小人の饗宴』
園子温監督作品『冷たい熱帯魚』

ヒーロー様おすすめは、もうね、こんなの絶対ここの読者にゃ伝わらねーやって激しく言い切れる超絶カルトムービー！　とにかく全編、気がふれた大勢の小人達が嬉々として大暴れしています。つか、小人しか出てこねーもん、この映画。あと虐待される動物ね。この作品についてはヒーロー様の素敵解説を読んでもらった方が伝わるんじゃないかな。もはや芸術の域だもの、カルト度が。

で、お返しはね、今作品で日本が誇る怪優に一気に躍り出たでんでんさんがハーヴェイさん級の狂気をズドドーン！！　と魅せてくれたこの映画。

ぜひこのでんでんさんをハーヴェイさんに観ていただきたい！　で、いっそ近いうちに共演していただきたい！

俺みたいなマニアはいっぺんに昇天しちゃうんだからしてっ！

河原お返しDVD

『冷たい熱帯魚』

発売中／DVD ¥2,500＋税
発売元：日活
販売元：ハピネット

今、振り返って…

ちょうど友達がうちに遊びに来ている時に、仕事で観ないとって言って、一緒に観たら、その友達がイヤがったのを覚えてます(笑)。『小人の饗宴』をマジ変態じゃんっていう…。自分も偏ってると思うけど、ここまで振り切れたものを紹介してもらって、唖然となったことはこれまでなかったですね。いつも、おすすめされる映画は、大体大丈夫…と思って観るんですけど、これちょっと、なんだろう…本物が来たなぁって感じで、さすがでしたね。お返しの『冷たい熱帯魚』は、この時ばかりはでんでんさんにすがりましたね。ハーヴェイさんに返すのはこれしかないって。やっぱ海を渡るとすごい人がいっぱいいます。

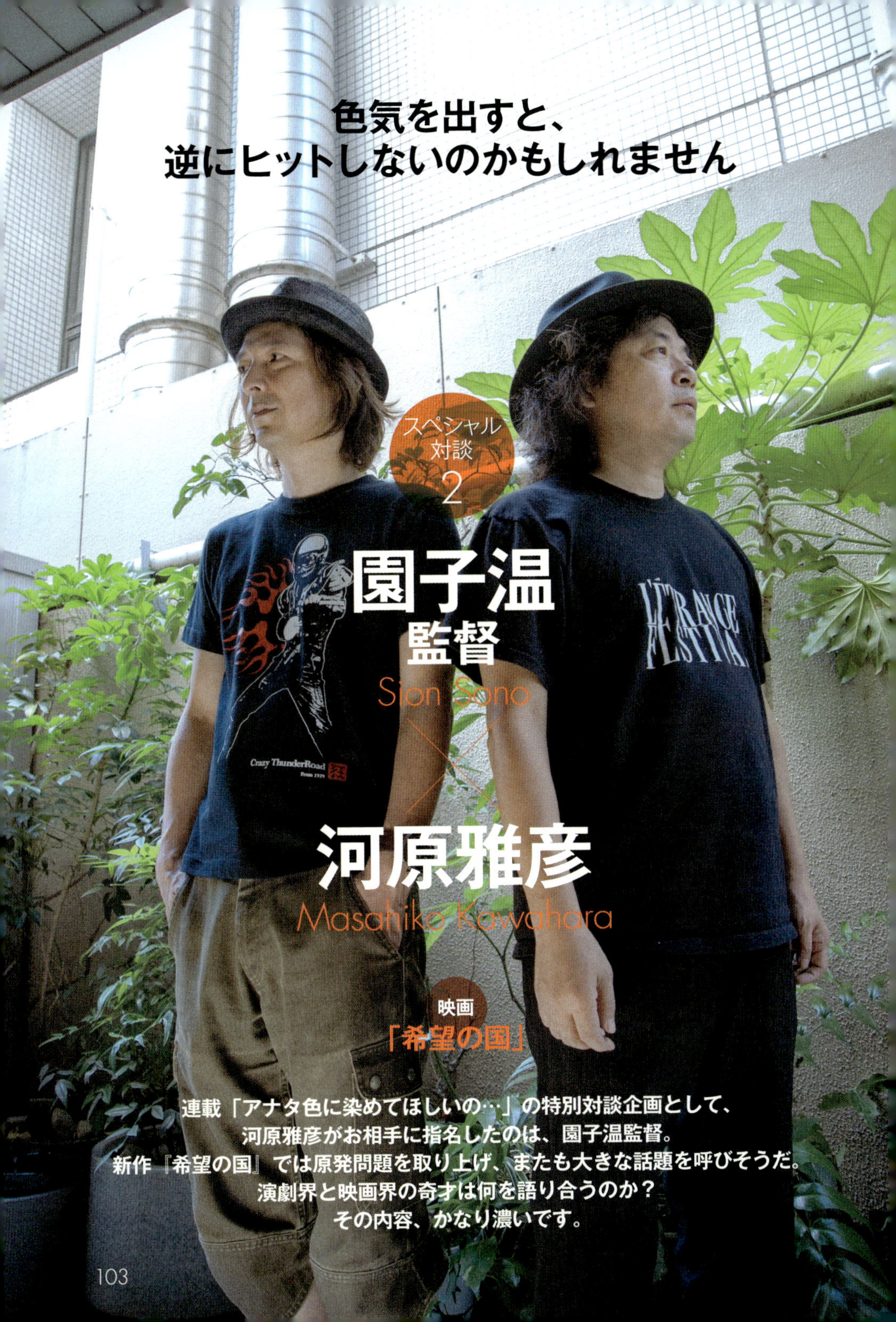

色気を出すと、逆にヒットしないのかもしれません

スペシャル対談 2

園子温監督
Sion Sono

×

河原雅彦
Masahiko Kawahara

映画
「希望の国」

連載「アナタ色に染めてほしいの…」の特別対談企画として、
河原雅彦がお相手に指名したのは、園子温監督。
新作『希望の国』では原発問題を取り上げ、またも大きな話題を呼びそうだ。
演劇界と映画界の奇才は何を語り合うのか？
その内容、かなり濃いです。

スペシャル対談2

映画「希望の国」

Sion Sono × Masahiko Kawahara

河原　いつもは色んな方におすすめの映画を聞いて、自分の趣味を広げていこうって趣旨の原稿を書いているんです。でも原稿ばっかりだと、これがちょっと大変で…（笑）。甘えるように対談をしたい、その相手は僕が大好きな映画監督である園監督がいいとお願いした次第です。

園　なるほど。

河原　僕は以前、HIGHLEG JESUSという、メチャクチャなパフォーマンス集団をやっていたんですが、園監督も昔…？

園　東京ガガガというのをやっていました。詩を書いた旗で渋谷のスクランブル交差点を覆っちゃって、車も人も通れなくして。一時期は2千人くらいいたんですけど、来たい人だけランダムに来る感じだったので、毎回200人くらい。

河原　うわー、それってすごいじゃないですか。ファイトクラブみたい（笑）。

園　僕は詩の一環だと思っていたんですけ

どね。でもファイトクラブに近い。毎週のようにあまりにもめちゃくちゃなことをするから、一度警察の方からデモ申請をしてくれって言われたんですよ。それで目的って欄に“詩、ポエム”って書いたら、そんなんじゃこっちは守るに守れない。もっとメッセージを書いてくれって言われて（笑）。そんなのないのに。

河原　ハハハ！　本当にすごいですね。僕らは新宿が拠点だったんですけど、ガガガに比べるとかなりセコい（笑）。夜中に可能な限りポストを青く塗るとか。

園　アートだね。Chim↑Pom（＝現代日本を代表するアート集団）とかさ、今ってそういうのが流行ってるから。

河原　特に演劇がやりたいとも思ってなかったんですよ。とにかく路上で何かをやらかす。観客相手って発想じゃなくて、目撃者がいればいいやって。だからほかにやってたのは、新宿にある公衆トイレにランクをつけるとか（笑）。色んな項目があって、最終的にはみんなでトイレにある洗面所の水で米を研いで、炊いて、食う。これアート？　うん、アート！

園　相当アートだと思いますよ（笑）。

河原　当時はインターネット的な媒体もなかったので、ガリ版で刷ったアホなチラシをみんなであちこちに貼りに行ったり。

園　それを見たガガガの人たちは、興味を持ったみたいですよ。うちはね、専用電話をひとつ作ったんです。その留守番テープに、次に集まる日時と場所を吹き込んで。それがもうずっと鳴りっ放し。

河原　へぇ、それ面白い。さらにファイトクラブ！

PFFでグランプリ　だがそれは長年に渡る恐ろしい地獄の始まり

園　僕、一時期映画にすごく退屈して、も

うやりたくないなって思ったんです。そんな時に街へ飛び出して。そこからまた映画に戻って来たんですが、もともと映画にしても、僕は集団作業向きの人間ではないんですよ。でもたまたま自分を撮った8ミリが褒められ、PFF（ぴあフィルムフェスティバル）に出したら入選しちゃった（笑）。その時周りにドラマを撮っている人が多くて、ドラマをやると褒められるのかと。で、母親とか妹を駆り出してドラマを撮った訳です。

河原　それ、ドラマありますか（笑）？

園　（笑）。僕としては初めて〝傾向と対策〟をやってみたんです。そうしたらまんまとPFFでグランプリが獲れた（笑）。そこまではホップステップでいい感じにきたん

スペシャル対談 2

Sion Sono × Masahiko Kawahara

●プロフィール
その・しおん
'61年12月18日生まれ。愛知県出身。
'87年に映画『男の花道』でPFFグランプリを受賞。
スカラシップ作品として製作した
『自転車吐息』がベルリン国際映画祭で
正式招待されるなど、話題を呼んだ。
主な監督作に、映画『愛のむきだし』『冷たい熱帯魚』
『恋の罪』『ヒミズ』『希望の国』『地獄でなぜ悪い』『TOKYO TRIBE』、
ドラマ「みんな!エスパーだよ!」など。
今後、監督作『新宿スワン』（春）、『ラブ&ピース』（'15年）などが公開。

ですけど、そこからが恐ろしい地獄でした。だから自分でもこれで食えるようになってきたなって思うのは、ここ2、3年ですね。

河原 ずいぶん掛かりましたね…。でもそれまでも撮り続けてはいましたよね？

園 その中には、異様な値段で撮ってるものもありますから。

河原 異様な値段、ですか？

園 たとえば『気球クラブ、その後』は、「100万で撮れる？」って言われて。

河原 いやいや、そんなバカな(笑)。

園 『自殺サークル』の時は、いつギャラ

をくれるんだろうと思ってたら、プロデューサーから「コーヒーメーカーは持ってる?」って言われたんです。「持ってません」って言ったら、そのまま家電量販店に連れて行かれて。しかもそのプロデューサー、自分のポイントカードを出す訳ですよ。こいつ、自分のポイントでギャラを払おうとしてる! って(笑)。

河原 思ったよりすげぇな。なんか分かんないですけど、監督、今、映画関係者にもっと威張り散らしていいと思いますよ(笑)。

甘く見ていた大器晩成 しかし結果的にそれが園流映画を作り出した

河原 『希望の国』を観させていただいたんですが、海外出資が多かったとか。

園 いつも「園さんの映画はリーズナブルだからいくらでも撮らせてあげるよ」って言ってた方々が、原発と言った瞬間に、みんな「原発だけは…」って言い出したんです。だから情けないことに結局海外に頼って。海外の方はひとつの融資先というか、志に対してお金を出してくれる。でも日本では難しいですね。

河原 僕の勝手なイメージですけど、園監督の作品の質感って、2タイプあるような気がするんです。これでもくらえ、ボーン！みたいな作品もあれば、監督が残しておきたいものを形にしている作品もある。で、『希望の国』は、その後者に当たる作品なのかなって。

園 タッチ的に、僕はもともと後者なんですよ。でも自主映画ばっかり撮っていたから、どんどん貧乏になって、実際アメリカでホームレスにもなって。

河原 日本でもできるのに…(笑)。

園 帰れない状態だったんですよね。そんな時にZ級映画(※一般的にA級、B級映画のカテゴリーに属せない映画)ばっかり

観てるヤツと知り合って、もし日本に帰ってチャンスがあれば、俺が撮る映画ではZ級の地獄をぶつけて、観客を溶かしてやる! みたいな。もう怨念だけの人間になっていて。

河原 ホームレスが、そんな映画を撮ろうという志に燃えているなんて…(笑)。

園 そこだけは残ってましたね。まぁそういう地獄を見てきた苦労が、『冷たい熱帯魚』の台本なんかにも生きてきて。災い転じて、というか。でももう災いはいらないですね（笑）。これからは幸福を糧に。

河原　とは言っても、監督なら普通の幸せな映画にはならないですよね（笑）？

園　いやいや、そろそろ幸せをそのまま映画にしようかなと。だって僕、小さいころに引いたおみくじには、たいてい〝大器晩成型〟って書かれてたんですよ。そうしたら案の定、50歳近くになってやっとこれでしょ。甘く見てましたね、大器晩成と言われる年代を（笑）。

河原　なかなか思い通りにいかないものですね。でもだからこそ、現在の園監督のスタイルが確立されたのでは？

園　確かにそれはラッキーでした。

河原　分野は違いますけど、僕もそこは気を付けないといけないなって思うんです。長くこういう仕事をやっていると、ブレざるを得ない危険性がある。そこを見失わないでいるって、結構大変なことですから。今、園監督が世間的に受け入れられているこの現状は、どんな感じですか？

園　僕自身は何も変わっていないんですよ。『冷たい熱帯魚』にしても、ある意味いちばん純粋にめちゃくちゃやったら、ヒットした。だからなんか色気を出すと、逆にヒットしないのかもしれませんね。

河原　僕も色気とか向いていないんですよ。自分ではうまく出せたつもりでも、やっぱり違うんだろうなって。

園　僕も色気を出して、やります！って言うこともあるんですよ。でもそうすると逆に向こうが避けてくれる、すり抜けていくって感じですね（笑）。

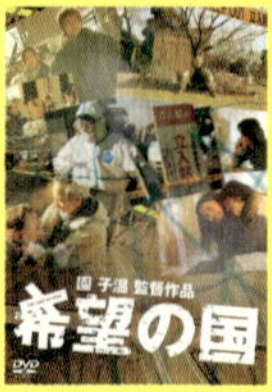

発売中／DVD ¥4,700＋税　BD ¥5,800＋税
発売・販売元：松竹株式会社映像商品部

スペシャル対談 2

映画「希望の国」

Sion Sono × Masahiko Kawahara

取材後記

映画と演劇の差はありますが、同じアウトローな匂いを持った方だったんだと思いました。それはこのクソ暑いのに、ふたり共黒いハットに黒いTシャツを着てたっていう時点で(笑)、お互い確信に変わったんじゃないかなと。オイシイ話が向こうからすり抜けていくっていうのも、それは園監督が、神様にやらせてもらえない運命になっていたからなんですよね。しかも47歳くらいまで曲げない、ブレないって、また別のカッコ良さがあるし、すごく励みにもなる。なんか先輩だなと思いました(笑)。こうやって、監督と対談できたことも、自分にとっては絶対に必要な時間だったんだろうなと。そう考えると、人生うまくできてるなぁって思いますよね。

スペシャル対談
2

Sion Sono × Masahiko Kawahara

EPISODE 21

園子温 監督

Sion Sono

園子温さん おすすめ DVD

『26世紀青年』 ザ・ムービーバリュー 第9弾

こんなに何度もレンタルするなら買っちゃえと思った映画です。たまたま同じ時期に『20世紀少年』をやっていたので、こんなアホな邦題になっちゃったと思うんですけど…。原題はカッコいいんですよ。デモクラシー(民主主義)と、イデオット(バカ)をくっ付けて、『イデオクラシー』。SF映画なんですけど、傑作です。多分その年に観た映画の中で、僕の1位だと思う。しかもものすごく予算を掛けたバカ映画で、ひどく笑えるけど、段々今の日本じゃないの？　って思えてきたら笑えなくなる。いや、見方によっては凍り付くかもしれない。あんな名作を誰も観ていないのは、とにかく邦題がヒドいから(笑)。

でも本当におすすめしたい1本です。

発売中／DVD ¥1,419＋税
発売・販売元：
20世紀フォックス・ホーム・エンターテイメント・ジャパン

どうも。ここにきて青木裕子アナのTBS退社を無性に憂いている、**俺です、河原雅彦です。**

だって、悲しくないですか？　目まいがするほど脂ぎった超個性派キャストばかりを集めた『サンデー・ジャポン』において、持ち前のクールネスと可憐な愛嬌で一服の清涼剤を長年務めてきた青木アナが来年からいなくなっちゃうんですよ?!　ただでさえ欠かさず見てるTV番組少ないのに、本当ショックですわ…。

ま、そんなグチ、**自分のブログにでも書いとけ**って話ですけどね。

なにせ前回は、小栗(旬)くん以来の対談原稿でしたから。

もうね、一回楽させてもらったおかげで肩が軽い軽い！　どうでもいいことを含め、バンバン筆が進んでしまうのでありますよ。

「あ〜ちゃん、かしゆか、のっち…本当に誰でもいいのでPerfumeの一人を、我が人生を賭けて幸せにしてあげたい」

的な、明け方の飲み屋でいっつも吠えてる不毛な発言だってスイスイ書けちゃう。

ま、園さんとの対談でも軽く2号分はお話ししましたから（あまりに過激でカットされちゃったエピも多いけど）。引き続き、園さんワールド全開のおすすめDVDについて張り切って語らせていただきまっす。

さあさあ、**あの**園監督が嬉々としてすすめたくれた気になる作品は、

本格未来進化映画『26世紀青年』

「こんなどうしようもない映画を大金かけて作っちゃうアメリカってやっぱスゴい！」

と園さんがおっしゃってた通り、観ながら思わず何度もアゴが外れかけたほどの超絶おバカ

ムービーの決定版でございます。で、どのあたりが超絶おバカかと申しますと、そのものズバリ！　登場人物オールバカ。バカに始まりバカに終わる、ひたすらバカの詰め合わせみたいな映画なんスよ。

舞台は26世紀のアメリカ。高学歴のエリート達は少子化で子供を作らず、低能な人間どもが欲望のまま子づくりを量産したあまり、**徹底的にバカのみ**の世界になっちゃってるわけ。

文明の進化のおかげで庶民の生活は全てオートメーション化され、恐ろしく便利になっているんだけど、肝心かなめの進化させた人達がすでに全員寿命をまっとうしちゃったため、機械が故障しても誰一人修理出来やしない。ゴミ処理だって適当だから、自由の女神ほどのゴミ山があちこちにそびえ立ち、それが雪崩のように崩れて街が崩壊しても、バカだから誰も気にせず陽気に生活。ホワイトハウスにゃギラギラのベストいっちょでハーレーに股がり、ファンキー過ぎる街頭演説に精を出す元ポルノスターの黒人大統領がいて…ってそんな国民総バカなU．S．A。そこに、かつて軍が極秘で行った人工冬眠装置に入れられた、国民一平凡的な男・ジョーが目を覚まし、浦島太郎状態でアラ大変?!　なにせ当時の平凡な知能もこの世界では大天才に値しちゃうため、空前絶後の食料危機（水の代わりにゲータレードを畑に撒いてるから当たり前なんだけど）を救えとバカ政府に無茶ぶりされちゃうんですな。

映画は徹頭徹尾「んなバカな?!　んなバカな?!」の爆笑オンパレードなんだけど、さすが園さんのおすすめだけあって一筋縄じゃいかないのよね。かなりブラックな風刺が効いた社会派映画と言えると思います。けど、内容自体には一切そういう説教臭さがないから、そこがなんともバカ気持ちいい！　新大統領に就任したジョーのラストの演説も、「みんな、本を読もう」とか、ひたすら人がおならをしているだけの映画を満員の観客が大爆笑している現状に、「ちゃんと意味を考えよう」とか熱弁してて、それが妙に感動的なんだなぁ。娯楽にしても普段の生活にしても、与えられた快楽を受動的に受け取ってるだけのアホアホな未来人の姿は、現在を生きる我々の未来を示唆しているようで結構危機感高まります。まあ、『20世紀少年』に便乗してこの安易過ぎる邦題をつけたヤツが一番バカとも言えますが（だって完全に逆効果だもの）、とにかく一見の価値大アリなんで、皆々様もどうぞ鑑賞してくだーさい。
さて、素晴らしい映画を教えてくれた園さんにオイラからのお返しムービー。

神代辰巳監督作品『黒薔薇昇天』

日活ロマンポルノが輩出した異色作にして大傑作。「わいら、ゲージュツ作ってまんねん！」を信念に、ポルノ映画製作に人生を賭けるクレイジーな男を、伝説の怪優・岸田森がねっちょりと大熱演！　そんなカオスな彼の姿がどうしても園さんとかぶってしまい、この作品を選ばせてもらいました。持ち前の規格外エネルギーでさっさとやわな日本映画界を破壊してよ！　で、韓流に一歩も引けを取らない凄みのあった時代を取り戻してよ！　頼むね、園監督！！！

河原お返しDVD

『黒薔薇昇天』
廃盤

今、振り返って…

昔からお互いにニアミスをしていたので、こうして対談できたことは連載をやっていて良かったな、と思います。彼がいるかいないかで日本映画界はかなり違うんじゃないでしょうか。自分がやりたいことを形にして残すって、今の日本では結構難しい。でも園さんは、大きな作品もちゃんとやってますし、長生きしてギリギリのラインでずっとやっていて欲しいなぁと思いますね。『26世紀青年』は、園さんが好きそうな映画だなと思いながら観ました。でも邦題が『26世紀青年』で、どの観客層を狙ってるか分からない。邦題のタイトルひとつで映画を殺すんですよね。お返しは『黒薔薇昇天』。岸田森さんが主演なんですけど、出てくる度になんか画面が歪む印象が…(笑)。岸田さんが映画監督役で、なんか園さんと被ったんです。オマージュですね、園さんへの。

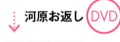

EPISODE 22

ピース
綾部祐二
Yuji Ayabe

●プロフィール
あやべ・ゆうじ
'77年12月13日生まれ。茨城県出身。

お笑いコンビ・ピースのメンバー。

出演作に映画『仮面ライダー×仮面ライダー ドライブ&鎧武 MOVIE大戦フルスロットル』など。

現在、TV「トリックハンター」（日本テレビ系）に出演のほか、「ピーストークライブ 原宿へようこそ」をラフォーレミュージアム原宿にて定期的に開催中。

綾部祐二さんおすすめ DVD

『スタンド・バイ・ミー』

発売中／ DVD ￥1,410＋税
発売・販売元：㈱ソニー・ピクチャーズエンタテインメント

とにかく僕が映画とアメリカというものに、ベン・E・キングの主題歌も込みで、この１本で引き込まれた作品です。本当に誰もが知っている作品ですが、観るとタイムスリップができるというか、ノスタルジックになれるというか…そのあたりが好きなんですよね。「１本何か」って聞かれると必ずこの作品を出します。印象的なシーンは、帰ってからみんなでパイを食べて、食べ過ぎて戻して、ゲロ目になるところ（笑）。衝撃的でしたね。この作品を小学校の時に観てから30年弱くらい経ってますけど、あれからまだ一度もアメリカの地を踏んだことがなくて。僕はまだプライベートで海外に行ったことないんです。だから行くなら絶対アメリカって10代のころから決めています。

ちなみに、僕が主演する映画『自縄自縛の私』は、エロティックなんですが、下品なエロさではなく、人に言えない秘密を抱えている主人公が、自分を縛ってしまうというピンポイントなところに視点を絞った映画です。ぜひ観ていただいて、何か変なスイッチが入っちゃったっていう気持ちになってもらえたら嬉しいです。

どうもどうも、クリスマスイヴ真っ最中にこの原稿を書いている俺です、河原雅彦です。

この号が出るのは年明けなので、挨拶的に『新年明けましておめでとうございます』が相応しいのでしょうが、イヴにちまちまパソコンに向かっているしょぼくれた身としてはそんな晴れがましい嘘を申す気には全くなれません。

今現在、２０１２年12月24日16時46分であります**完全**に。

そして、ほんの今、16時47分になりました**完璧**に。

いやあ、みなさん、どうですか？　２０１２年を振り返ってみて。

２０１３年になったばかりだと言って、そう簡単に前を向かせませんよ？

だって、今現在、２０１２年12月24日16時49分なんですから**俺的に**。

けど、まあ、一歩も外に出ず、部屋に引きこもっている限りは、クリスマスといえど別段普通の日となんら変わりませんな。浮かれたイルミネーションや寄り添うカップルさえ目に入れなければさほど気分が落ち込むこともないのですが、さっき冷蔵庫に残ってた冷凍食品の唐揚げをうっかり食べてしまったばっかりに、現代人が抱える『クリスマスにチキンを食べたいＤＮＡ』が猛烈に騒ぎ出し、あやうく鬱になりかけた俺なのです。

いかんいかん。お餅やおせちに飽きて「やっぱラーメン美味ぇわ」ぐらいの状態であろう２０１３年の読者に、なにを長々と２０１２年のちゃちな恨み言を書いているのだろうか…。

この瞬間から前を向いて朗らか気分で原稿を書き進めようと心改めた今の時刻は、２０１２年12月24日17時ちょうど。

むー、ちっとも心が前を向かない…。

恐るべし！　イヴにパソコンに向かってる俺の精神状態！

さてさて、そんなすさんだ心を癒してくれるであろう、今回のおすすめ映画推薦者は、いわずもがなの人気芸人、甘いマスク＆ボイスで俳優業も華麗にこなします**ピースの綾部祐二さん！**

で、その気になる作品は、

ロブ・ライナー監督作品『スタンド・バイ・ミー』

なんスか?! なんでクリスマスイヴにこんな甘酸っぱい名作映画、観なきゃいけないんスか?! と思いつつ観てみたら、意外や意外、なんだか今の気分に妙にぴったりでね。普通にびっくりしちゃいました。〝オール・タイム・ベスト〟…これこそが名画たる由縁と再認識。

えっと、作品解説とかいります? 話はホント簡潔なロードムービー。

オレゴンの小さな街に住む小学生のお友達4人組が、「遠くに死体が転がってるらしいよ」って噂話を聞きつけ、第一発見者になって街のヒーローになろうと、親に内緒で線路伝いの旅に出るって、そんな話。旅といってもものの二日だし、道中、確かに冒険めいたことは起こるけど、子供目線で描いた冒険としては、例えば『グーニーズ』的なファンタスティックな活劇は一切無く、どっちかと言うと非常に地味なエピソードの積み重ねなわけ。

じゃあ、なにがこの映画を〝名画〟たらしめているかと言えば、冒頭からエンドロールまで一貫してほのかに香る死の香りではなかろうかと、久々にこの映画を観て思った次第。死体探しという目的は言うに及ばず、時折差し込まれる主人公の少年の兄の死のエピソード、沼で少年達の全身にはりつくヒルの群れ、少年の一人は朝鮮戦争に出兵して頭をおかしくした父親を溺愛し、別の少年は飲んだくれ親父の目をかすめピストルを拝借…。そもそも冒険に死はつきものだしね。それらの要素を、それぞれが屈折した家庭環境で育つ、決して無邪気なだけではない少年目線でつむぐことで、ただ甘酸っぱいだけでなく、心の奥にチクチク刺さるような儚さ、瑞々しさ、苦々しさなど様々な感情を観る側におこさせるわけです。さすがはホラー作家として名高いスティーヴン・キング様が原作なだけはありますな。この映画の少年達を見ていると、人間は歳を取るという誰もが免れることが出来ない現実がどうしようもなく胸に広がります。現実こそがこの世で一番残酷なものだと、キング様はよぉく分かっておいでなのですよ。その残酷さをほんわかした郷愁でオブラートに包んでいるところが心憎いというか。

やー、『スタンド・バイ・ミー』、いい映画でした。小学生の時、毎年クリスマスの時期になると、決まって親父が七面鳥だと言ってよく分かんない鳥もも肉（今思えば完全に鶏）を買ってきたことを、なぜか久々に思い出しましたよ。綾部さんにもなにか素敵な映画をおすめしなきゃってことで、ドン！！！

スティーヴン・キング原作作品『ミザリー』

これぞキング様の真骨頂！　監督は『スタンド・バイ・ミー』と同じ人だし、なのに絶対スタンド・バイ・ミーして欲しくない狂ったおばさんが主人公だしで、ある意味、〝裏スタンド・バイ・ミー〟と言える傑作サスペンスだと思います。

…お、今現在、２０１２年12月24日18時30分。

切りがいい！　と勝手に思い込みまして、今回の原稿はおひらきということで。

『よいお年を！』の一言をぐっと飲み込みながら、サヨウナラ。

河原お返しDVD

『ミザリー＜特別編＞ベスト・ヒット』

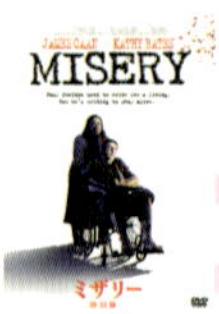

発売中／DVD ￥1,419+税
発売・販売元：20世紀フォックス・ホーム・エンターテイメント・ジャパン

今、振り返って…

『スタンド・バイ・ミー』はいい映画です。ひねくれてなくて、とても素直。綾部さんが監督した映画も観たことがあるんですけど、すごくピュアな作品で。"すごくええ人なんやなぁ"って。昔観たものをもう一度観させてもらうっていいですよね。作品自体は名作で、何回でも観られる映画が『スタンド・バイ・ミー』っていうくらい。でも『ミザリー』は何回も観なくていい映画（笑）。スティーヴン・キングもこの原稿の１年後には舞台（『ショーシャンクの空に』）で演出をさせていただきました。

EPISODE 23

前田敦子

Atsuko Maeda

●プロフィール
まえだ・あつこ
'91年7月10日生まれ。千葉県出身。
女優、歌手として活躍中。
近年の主な出演作に、
映画『エイトレンジャー2』『もらとりあむタマ子』
『神さまの言うとおり』(声の出演)、舞台「太陽2068」など。
今後、出演映画『さよなら歌舞伎町』(1月24日)、
『イニシエーション・ラブ』(5月23日)が公開される。

前田敦子さんおすすめDVD

『理由なき反抗』

私はジェームス・ディーンの『理由なき反抗』をおすすめします。『エデンの東』『ジャイアンツ』など、どの作品もいいんですが、この作品がいちばん好きですね。全面的に独特な男らしさが出ていて、女の子のことをすごく分かっているんだろうなっていう感じがしませんか？ ぶっきらぼうなのに、すごくカッコいいところと、あの佇まいが好きです。

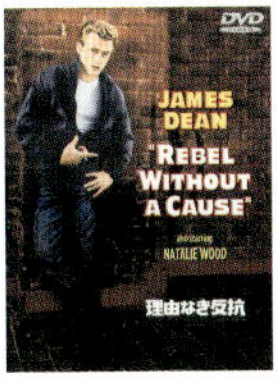

発売中／DVD ￥1,429+税
発売・販売元：ワーナー・ホーム・ビデオ

どうもどうも。

いつもはどうでもいい挨拶文を長々と書き記し、その後も本題とは程遠いどうでもいい世間話を垂れ流し、この連載の文字数をひたすら稼いでいる**俺です、河原雅彦です。**

しかしね。今回ばかりはそうも言ってられませんのことよ。

だって、今回のおすすめDVD推薦者は、あの！　あの！　言わずも知れたスーパー・アイドル**前田敦子ちゃん**なんですもの！！！

やー、初めまして。この原稿、あっちゃんは読んでくれているのでしょうか…？

いやいや、そんな疑心暗鬼は良くないぞ。こんな機会、そうそうないのだから読んでくれている体《てい》で一方的に話を進めなきゃだぞ。

僕ねー、あっちゃんのこと以前から大ファンだったんスよ。ＡＫＢ48時代からどうしても目が行ってしまうというか、ただのアイドルで終わる器じゃないわよ的な予感をプンプンさせていたというかね。大島優子ちゃんがセンターの時は安心して見れる国民的アイドルグループなんだけど、あっちゃんがセンターの時は、よりスーパーなグループにＡＫＢ48を押し上げていた印象がして、そっちの方が断然前のめりになれたのよ。だって、なんだか危うさを感じさせるじゃん、あっちゃんって。あと、否応無しな風格も感じさせるじゃん、あっちゃんって。そんな両極を思わせる美少女、ドキドキしちゃいますって！

だからアレですな。もしも演劇で初舞台を踏む時がきたら、どうか僕に演出させて下さい！

で、稽古期間中に、どちらかのマンションに時間をずらして集合し、お泊まり&スクープされて、「セリフの練習をしていたんです」的なクソどうでもいいコメントを双方で出し合い、「んなわけ、ねーだろ！」と世間に思わせて下さい！　どうか東スポあたりに『夜の演出家』呼ばわりされるよう、頑張らせて下さい！

よし、あっちゃんへの思いを綴っていたら、**結果、文字数稼げた！！！**

さすがだよ、あっちゃん。助かったよ、あっちゃん。
ではでは、そろそろあっちゃんおすすめDVDを紹介させていただきまする。

ジェームス・ディーン主演作品『理由なき反抗』

いやあ、もうね、どうなの、このチョイス？　たまらなくしっくりこないスか？　危うさと大胆さの中に、繊細さを兼ね揃えた色気漂う希代の美青年が主演を務め、〝世界初のティーン・エイジャーのための映画〟とも言われたこの古き良き名画をあっちゃんが大好きだなんて、話が出来過ぎなぐらいにワクワクしません？　思春期特有のジレンマを多分に抱えながら、周囲の大人達の理解を得られず、あれやこれやのトラブルに巻き込まれる中、それでも今出来る真っ直ぐな生き方をがむしゃらに進むこの映画の主人公に共感するなんて、勝手な想像だけど、あっちゃんもあっちゃんなりにこれまでいろいろな葛藤の中で生きてきたんだなあ、と思います。自分を重ねてしまうところがあるんじゃないかな、あの傷だらけのジェームス・ディーンに。なにせ素晴らしい映画はオープニングで決まるところがあるんだけど、この作品もバッチリそれにあてはまってて。道ばたに捨てられた、シンバルを叩くおもちゃの猿を、地べた這いずりながらその腕に抱きしめる哀愁たっぷりのディーンの名演は、それだけでこの映画のテーマを象徴してててね、ホント最高ですよ。鑑賞後も、思わずそのシーンだけ見直しちゃいましたもの。けどね、いくらディーンに憧れたとしても、あっちゃんは早死にしちゃ絶対ダメ！　ディーンって24歳の時に事故死したんだよね、愛車のポルシェで。主演作品も三作品しか残してないの。なのにこれだけのカリスマになっちゃうなんて確かにスゲーけど、あっちゃんにはこれからもどんどん主演映画で活躍してもらいたいし、曲だってバンバン出して欲しいいし、俺ともバンバンスクープされて欲しいので、さすがに恋愛禁止とまでは申しませんが、とりあえずポルシェは禁止です。それでも理由なき反抗がしたいならば、俺がどーん！　と受け止めるから。映画よろしく、崖めがけてチキンレースがしたくなったら俺がいくらでも相手になるから。で、俺が崖から落ちて代わりに死ぬから。どうか生き急ぐことのないようにだけ、よろしくお願いしまっす！

さ、楽しい時間はいつだってあっという間でして、そろそろ文字数も尽きてまいりました。俺からもあっちゃんにお返しDVDを紹介しなくちゃだわ。

金子正次主演作品『竜二』

日本映画界における早死にのカリスマといったら、なんと言っても彼ですよ。ジャンルはヤクザものだけどね。妻子のために堅気に戻った男のジレンマを生々しく描いたこの作品は、「自分らしく生きる」というディーンスピリットと根っこの部分で重なる部分も多く、いまだに多くのファンを持つ切ない名画なので、あっちゃんにもぜひ観てもらいたいな、と。

つか、あっちゃんが読んでる体《てい》で今回の原稿書き切ったけど、もしも読んでもらえてなかったら、完全におっさんが一人で浮かれてただけの、どえりゃあみっともない感じよね？　ま、今さら遅いか…。うー、考えない考えない。

河原お返しDVD

『竜二』

発売中／DVD ¥2,500＋税
発売元：株式会社ショウゲート
販売元：アミューズソフトエンタテインメント株式会社
©momo

今、振り返って…

"『理由なき反抗』が好きな前田敦子" っていうのがまたいいですよね。『エデンの東』『ジャイアンツ』も好きってことは、ジェームス・ディーンが好きってことでしょ？　ジェームス・ディーンが好きって、日本の男子はなかなか敵わないと思いますけど、日本のカッコいい人といえば、断然『竜二』でしょ。『竜二』は彼女にもぜひ観て欲しいですね。誌面という形でもあっちゃんとこういう交流ができて…。あっちゃんからのおすすめっていうのだけで、ちょっとテンションがアガりましたね。

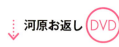

EPISODE 24

©@shurinshurin／offical Twitter

日南響子

Kyooko Hinami

●プロフィール

ひなみ・きょおこ

'94年2月6日生まれ。愛知県出身。

'06年に芸能界デビューし、モデルとして活動。

'10年にドラマに出演し女優デビューを果たす。

主な出演作は、映画『七つまでは神のうち』『桜姫』、

ドラマ「アイシテル～絆～」「非公認戦隊アキバレンジャー」など。

現在はミュージシャンとして活躍中。

日南響子さん おすすめ DVD

『桜姫』

発売中／ DVD ￥3,800＋税

発売・販売元：SDP

スピード感のあるストーリー展開がひとつの見どころです。あとは、濡れ場とかでも色使いがすごく綺麗なんです。最初のほうは色彩が綺麗で、終盤のほうになるとシルエットになってきたりして、見せ方がすごくいい感じだと思います。色んな作品に携わったスタッフさんたちの様々な経験が前面に出ているんだろうなっていうのが、演じていても分かりました。また、物語の最初の姫の顔と最後の姫の顔は違うんです。あるところで一気に人がガラッと変わっちゃうんですが、あそこは自分の中でふたつの役を演じているくらいの気持ちだったので、みなさんに見ていただきたい部分です。とにかく見どころがたくさんあるクレイジーなエンターテイメント作品なので、色んな角度から観ていただいて、自分的なおすすめシーンを探してくださいね！

どうも。つい先日、組み立て家具を組み立て中にどうにも上手く組み立てられず、いい加減悲しくなってきて、一息入れようと足を踏み入れたベランダで、一人真剣に涙ぐんでしまった、**俺です、河原雅彦です。**

あれ、なんなんスかね、あの組み立て家具って？　なんでああも不親切な説明イラストしか載せてくんないんスかね？

自分が先日組み立てたのはハンガーラックだったんスけど、もう一息ってところで脚の天地が逆だったり、ネジを入れる穴が内外で逆になってたり…これって分かります？　**この虚脱感と無力感。**

イラストだけ見ると、すげーアバウトな人間もどきがすげーアバウトに部品組み立ててるだけなもんで、それ参考にしてるオイラもすげー調子こいてグイグイ組み立て進めてたら、もう一歩というところで致命的なミスを犯してて、で、もう一度最初からバラして組み立てていった暁には、今度は別のトラップが待っていて、またいちから組み立て直さねばならず…つか、我ながら〝組み立て組み立て〟うるせーよ！！！　興奮して『暁』の使い方も間違ってるし。

…と、ここまで書いてフト不安になり、以前の原稿をチェックしてみたのだけど…やっぱり前にもここで書いてたわ、『組み立て家具F○CK』話…。

この人生、どんだけ悩まされてるんだ、組み立てに。

そして、映画誌の連載なのになんで二回も組み立て話を書いてんだ、俺。

ではでは、ここらで急ハンドルを切りまして。

今回傷ついた俺の心をバラ色に染上げてくれるゲストは、ダイナマイト・プリティな魅力でモデルとして、女優としてまばゆいばかりに輝きまくっております**日南響子ちゃん！**

やー、はじめまして、響子ちゃん。

家に飾っておきたいぐらいめっちゃ可愛い女子が、こんな冴えないおっさんにどんなＤＶＤを紹介してくれるのか…？　と思いきや、自分主演の最新作かい！

橋本 一監督作品『桜姫』

てか、なにこの古き良きはちゃめちゃムービー？！！　これって俺が大リスペクトする二大監督、70年代東宝・東映作品で暴れまくっていた石井輝男＆鈴木則文テイストまんまじゃないスか！　んー、まんまって言っちゃうと、アレか？　強いて言うならオマージュか。とにかく観てるこっちが、『平成の世の中にこんな作品をドロップしちゃって大丈夫なの？？？』と思わず心配しちゃうほどの猥雑＆おバカ＆おっぱいボヨーンなエロチック時代劇でごわす。作品のベースは、古くから歌舞伎でも上演されている、鶴屋南北師匠がお書きになった傑作古典。高貴なお家柄に育った純潔のお姫様が、泥棒に入った色男に無理矢理処女を奪われるも、その男のことが忘れられず遊女にまで身を落とし、日夜、客を取りながら健気に男を待ち続けるのさ。けど、あまりの美貌ゆえ、遊郭ＮＯ．１にまで余裕で上り詰め、やがて念願かなって色男と再会を果たすも、その後、血で血を洗うすったもんだになだれこんでいくっていう、そんな情念とケレン味たっぷりのストーリー。

やー、素直にスゲー楽しみましたよ！　そしてさっきも書いたけど、素直に不安にもなりましたよ！　だって、こういう映画が好き過ぎて、「これじゃいかん！　マニアック過ぎる！なんとか矯正しなければ！」ってんで、この連載始めたのに、こんなド☆ストライクな映画をスーパー・カワイコちゃんから勧められるなんて…。夢のような悪夢のような話じゃないスか。でも、お約束の泥レスを始め、めちゃめちゃ体を張った響子ちゃんの得も言われぬ色気は（まだ19歳だなんて信じられない！）、度を過ぎたアングラ演出との絶妙なコラボによって、とってもスタイリッシュになってるし、キャスティングでは今風のイケメン枠もあるし、CGなんかも、あえてアホみたいなところでのみ、どひゃーっと使ってるしで、古き良きデタラメ映画のオマージュとしては、きちんと現代版の作品に仕上がっていてそこは大好感。でんでんさんなんか、『こんなのやらせたら右に出るものナシ!』な肉食系色情坊主を生き生きと好演されていて（最終的にゾンビにまでなるしね）、時代を超えたアングラ俳優としての貫禄をまざまざと見せつけてくれてます。

なんでも製作陣の方のコメントによると『世界に向けたサブカル映画』だそう。石井&鈴木監督作品はどっちかっていうと、タランティーノを筆頭に海外での評価が高いので、「なるほどなー」とは思うのですが、これが世界に、そして、今の日本の若者にどう映るのかっていうと、ぼかぁ冷静に判断出来ませんよ。

お洒落な映画に映るんスかね？　じゃあ、俺も生粋のお洒落さんってこと？？？

ただ、この手の映画を愛している人達が今の業界にもちゃんといて、この作品を平成の世に出してくれたことは大感謝ですな。なんだか救われた気がします。

さて、そんな心の大恩人である響子ちゃんに俺からの愛を込めたお返しＤＶＤ。

石井輝男監督作品『怪談 昇り竜』

永遠の俺的カリスマ女優・梶芽衣子主演。当時流行りの女任侠モノに、無理矢理怪談要素を足したことによって、とてつもなくドラッギーに仕上がった、本家本物のカルトムービーでござい！　ここまできたら今度はこれをリメイクして、響子ちゃんには梶芽衣子先輩を継いでいって欲しいっス、マジで。

河原お返しDVD

『怪談 昇り竜 HDリマスター版』

発売中／DVD ￥1,800＋税
発売元：日活
販売元：ハピネット

今、振り返って…

『桜姫』は、梶芽衣子とかが出ていた、あのころの匂いがする映画で、僕は好きでした。結構チャレンジングな作品じゃないですか？　新しいというよりは、温故知新な感じで。こういう映画が好きな作り手さんがまだいるんだ、と思いましたね。お返しは『怪談 昇り竜』です。ヤクザ映画の途中から無理矢理、怪談の要素を付け足した作品なんですよね。こういうはちゃめちゃなでたらめだらけの映画って、ちゃんと芯になる存在感のある俳優がいるから成立したんですよ。あのころの映画は、どんな作品でも血が通ってる感じがします。

スペシャル対談 3

斎藤工 × 河原雅彦

Takumi Saitoh　Masahiko Kawahara

**連載「アナタ色に染めてほしいの…」の著者・河原雅彦が、
今最も会いたい人を迎えて送る特別企画。
今回のお相手は、映画好きのサラブレット・斎藤工だ。
久々に再会したふたり。
その対談は、想像以上にマニアックな方向へと突き進み…。**

――3年前、河原さんが演出された舞台「醜男」に出演していたのが斎藤さんですが、今回対談相手に選ばれた理由は？

河原　一緒にお仕事をさせていただいた縁もあるんですけど、もう僕の中で斎藤工くんっていうと、「映画秘宝」（※映画雑誌。マニアックな企画が多い）にずっと連載をしている、神に近い人というか…。

斎藤　いやいやいや（笑）。

河原　だって工くんの映画の趣向って毎号感服せざるを得ないからね。もちろん「CINEMA SQUARE」とは全く性質の違う雑誌だけど、僕的な〝秘宝〟スピリットをね（笑）、「アナタ色～」に少しでも反映したいなと連載当初から思ってて。ところでこの対談のこと、秘宝さんには話通してるのかな？　失礼がないかそれだけが心配（笑）。

斎藤　全然大丈夫ですよ。逆に喜ぶと思います。

河原　良かった。もともと工くんは、お父さんがすごい映画好きなんだっけ？

スペシャル対談 3

Takumi Saitoh × Masahiko Kawahara

斎藤　そうですね。父が藤田敏八監督の『修羅雪姫』の現場にサード（助監督）で入っていたり、泉谷しげるさんのロードマネージャーをしていたり、ちょっとおかしな人だったんです（笑）。そういう父の影響で、僕も映画が好きになって…。

――レンタルビデオ店で、〝あ行〟から全作品を借りて観たことがあるとか。

斎藤　はい。僕、映画は全部観たいんです。観ていない映画があるのがイヤで。

河原　それすごいね！

斎藤　そこが小さいレンタルビデオ店だったからいけたと思うんですけど。

河原　でも中にはさ、さすがに取る手が止まる映画もある訳でしょ（笑）？

斎藤　ありますね。でももう観ることが義務というか、店側も僕のチャレンジを分かっているので、飛ばせない（笑）。

河原　やるって自分に課したんだ？

斎藤　課しましたね。というのも、父は映画という映画はすべて観る人だったんです

●プロフィール

さいとう・たくみ

'81年8月22日生まれ。東京都出身。

'01年に俳優デビューし、以降、数々の映像作品に出演。

'14年には、映画『ヌイグルマーZ』『抱きしめたい』『劇場版 仮面ティーチャー』『欲動』、

ドラマ「僕のいた時間」「昼顔～平日午後3時の恋人たち～」「ダークスーツ」、

演劇ユニット乱-Run-第2回公演「365000の空に浮かぶ月」などに出演し、

短編映画『半分ノ世界』『バランサー』では監督を務めた。

今後、出演映画『7s』(1月)、『忍者虎影』('15年)などが公開を控える。

よ。それでなんか父に負けたくない！ ってヘンな対抗心があって。だから僕、高校生の時のコンパの記憶とかが全くないんですよ。その時間がないですし、観るのもタダじゃないので。

河原 いや、本当にすごいね。ほとんど修行じゃん。

斎藤 それでちょっと、普通の映画好きではない、間違った道を歩むことになってしまったんですけどね（笑）。

河原 工くんみたいなイケてる人が、僕が好きそうな偏った作品もちゃんと観てくれてるっていうのは、とても心強いけどね。もう僕にとって工くんは秘宝のプリンス、

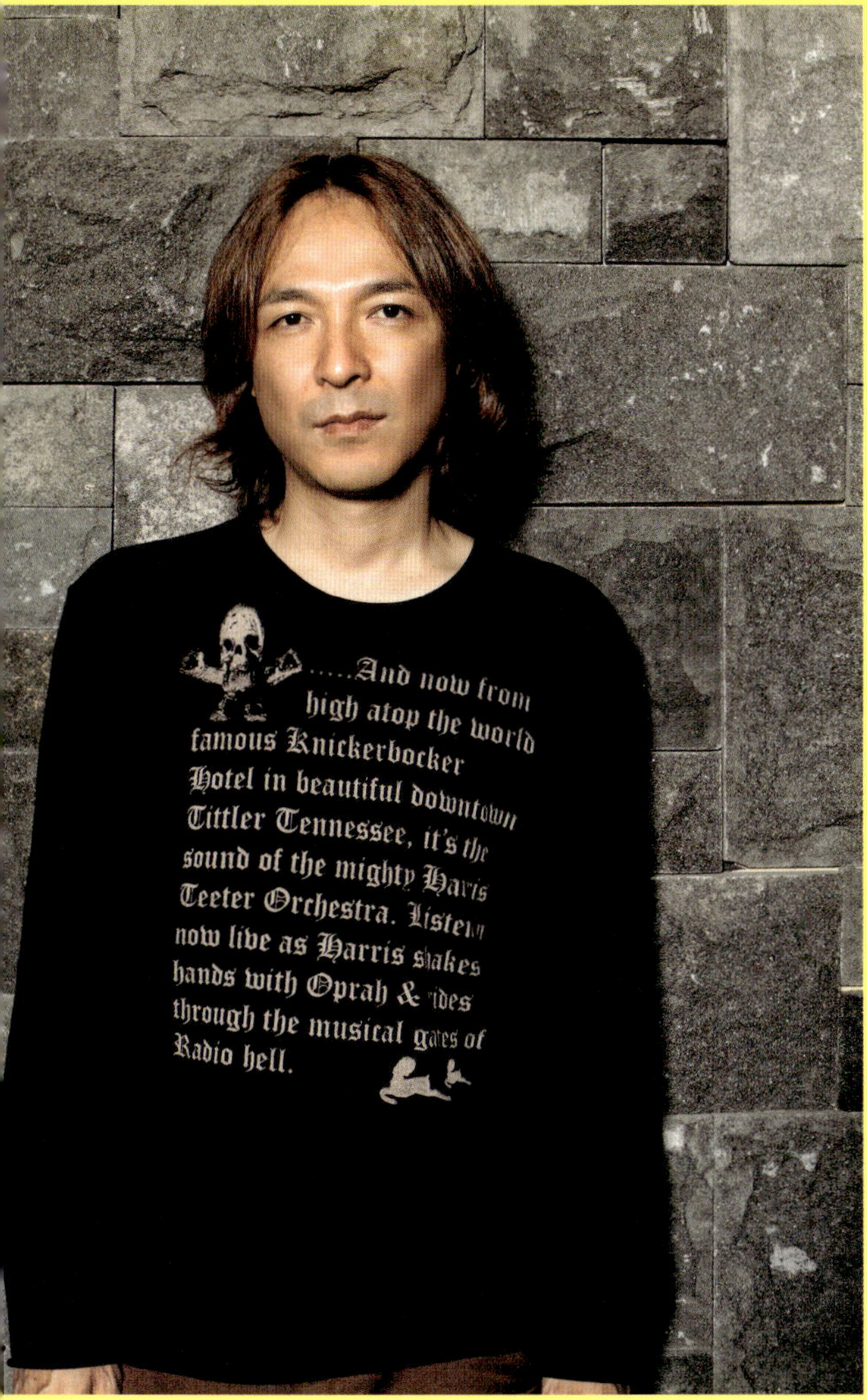

スペシャル対談 3
Takumi Saitoh × Masahiko Kawahara

河原さんは
僕の好きな時代の
映画と同じ、
ヤバい匂いがする

略して〝HP〟だよ（笑）。

1本のパニック映画が演出家と俳優という壁を取り払ってくれた

――斎藤さんが紹介された映画で、実際に観てみようと思う作品はありますか？

河原 あるあるある！

斎藤 「醜男」でご一緒した時、僕、当初はすごく恐縮していたんです。でも河原さんが『トレマーズ』の話をしてくれて、一気に救われたんですよね。

河原 『トレマーズ』っていう地底生物が出てくるパニック映画があるんですけど、これもまぁ秘宝寄りの作品で（笑）。でもとにかく面白いんですよね。僕、ビデオ、レーザーディスク、DVDときて、今BDでも持っているくらい。別にそんな綺麗な画面で観る意味もない映画なんだけどね（笑）。

スペシャル対談 3 Takumi Saitoh × Masahiko Kawahara

斎藤　ええ、全くないですね（笑）。
河原　でもHPからしてみれば、『トレマーズ』なんか優しいところでしょ（笑）。あれ、誕生日にくれたDVDって…？
斎藤　マルクス・ブラザーズの『我輩はカモである』ですね。あと鈴木清順監督の『野獣の青春』。宍戸錠さんが出てる。
河原　そうそう。で、『野獣〜』のDVDはすでに持ってたから返したんだ（笑）。せっかくだから、もっと観たことのない作品を紹介して欲しくてさ。
斎藤　今あれ、我が家でレンタル用になって色んな役者に貸してますよ（笑）。
河原　ちなみに今までいちばん回数多く観た作品って何？　僕はジョージ・A・ロメロの『ゾンビ』と、スタンリー・キューブリックの『時計じかけのオレンジ』。あとは『八つ墓村』（77）かな。
斎藤　なるほど。僕は世代的にベタなんですけど、宮崎駿監督の『天空の城ラピュタ』。あと同じくキューブリックで『博士の異常

工くんみたいな
イケてる人が、
僕が好きそうな
偏った作品も
観てくれてるのが心強い

な愛情　または私は如何にして心配するのを止めて水爆を愛するようになったか』。それからチャールズ・チャップリンの『独裁者』ですね。

河原　僕はまだそんなにチャップリンを観てないんだけど、やっぱりいい？

斎藤　はい。全然笑えないんですけど、あの映画が小学生の僕に響いたんですよ。その後、何度も見直して、やっぱりすごい作品だなと思います。

映画の多彩な楽しさを多くの人に伝えていく可能性を秘めた上映会

――世代は違えども、おふたりには共鳴し合える作品がとても多いんですね。

河原　いやぁ、僕なんかより全然工くんのほうが造詣は深いと思いますよ。

斎藤　僕は割と散漫なところがありますけどね。河原さんのように、これ！っていう強さがないので。そういった点で言うと、以前対談をされていた園（子温）監督って、すごく河原さんと似てるなと思うんです。恐らくご自身が影響を受けたものを、舞台なり、映画なりでそのまま表現されている。そこのパイプが、非常にクリアなおふたりだなと。しかもそれが、僕の好きな時代の映画と同じ、ちょっとヤバい匂いがして（笑）。でも僕の場合、自分が呼吸したいものと、その出口にちょっとズレがあるというか…。

河原　すごく楽しいんだと思う。仕事としての自分の表現に、これまで影響を受けたものを合わせられるってことは。

斎藤　ただ僕も月に1回、映画仲間たちとプライベートで、野外上映会をやってるんですよ。

河原　それ、すごく興味がある！　いつも「アナタ色～」でおすすめの映画を紹介しているんだけど、正直誰も観てくれてないだろうなって思ってて（苦笑）。実写版『ドカベン』の良さを伝えることとかね（笑）、これがなかなか難しい。

斎藤　確かにコアな映画を紹介しても、今それを何気なく若者が手に取ることって、すごく難しくなっていますよね。

河原　ひとつの作品から、次の作品に広がっていくってこともないからね。

斎藤　娯楽の幅が広がり過ぎたんですかね？　2時間なら2時間、なかなか映画だけに時間を割いてもらえなくて。

河原　そう考えるとやっぱり、さっきの上映会っていいアプローチだよね。

斎藤　割とメジャーな映画を多く流しているんですけどね。でも野外で寒かったりする中、見ず知らずの人たちと一緒に映画を観ることって、すごく記憶に残ると思うんです。

河原　うん、すごくいいと思う。

斎藤　あと無料でやりたいので、毎回定員は100人くらい。規模を大きくするというよりかは、とにかく続けていきたいなと思っているので。10年くらい続けたら、きっと何かにはなると思うんですよ。

河原　ねぇ、『MAD探偵　7人の容疑者』流そうよ（笑）。あれ、めっちゃ面白い。

斎藤　（笑）。確かにあれは面白いです。精神的な、ちょっと奇をてらった、なかなかびっくりする映画ですからね。

河原　とはいえ、MAD（＝気の狂った）探偵っていうタイトルがもう…。

斎藤　確かにタイトルが悪いですね。これ、20代女子は絶対に行かないな（笑）。

――お話は尽きませんが、そろそろお時間になってしまったようです。

斎藤　序盤、結構秘宝の話が…（笑）。

河原　確かに（笑）。でも面白かった～。いつかまた対談させて欲しいです。

斎藤　こちらこそぜひ！　ですよ。

河原　これまで小栗旬くん、園子温監督、工くんと対談してきたけど、やっぱり話が噛み合うね！　でも一度、全く噛み合わない人と対談するのも面白いかも（笑）。

スペシャル
対談
3

Takumi Saitoh × Masahiko Kawahara

取材後記

工くんのことは、一緒に仕事をする前から一方的に知ってはいたんです。で、実際に話してみると、外見と内面のギャップが本当にカッコいいなって。でも最近、TVや映画でたくさん工くんを見るにつけ、ちょっとだけ心配もあって。本当の工くんを知っている人間からすると、あんな華やいだ世界に身を置くことって彼にとって少々居心地が悪いんじゃないかと。でもそうやって忙しくなった今も、上映会だったり、ちゃんと自分の好きなことをやっている。だから会うのは久々でしたけど、工くんのあの変わってない感じっていうのは、すごく嬉しくて。まぁあの人の家庭環境とかを考えても、変わりようがないですけどね（笑）。ああいうもので構成されている人ってやっぱり面白いし、僕にとってＨＰはいつまでも眩しい人です（笑）。

EPISODE 25

斎藤工

Takumi Saitoh

斎藤工さん
おすすめ
DVD

『預言者』

発売中／DVD ¥3,800＋税
発売・販売元：トランスフォーマー

ヴェルナー・ヘルツォーク監督の初期作品で『アギーレ/神の怒り』です。これはうまく説明出来ないような映画で、とにかくぶっ飛んでいるんですよね。この作品を見た瞬間、「河原さんに見せなきゃ！」と思ったくらい。僕の中では、鈴木清順監督の色が強いというか。あっ、でも変えようかな。これだとあまりに、河原さんの表現のイメージに固執したすすめ方をしているような…。河原さんの匂いに近いんじゃないか、そう勝手に思い込んでいることに今気が付きました。

僕が本当に河原さんに観て欲しいのは、イタリアの『ゴモラ』と、フランスの『預言者』です。僕、これを観た時、本当にビックリしたんですよ。両方とも刑務所の中の話なんですが、映画大国であるイタリアとフランスの、いわゆる華やかなイメージとは真逆で。まるでイタリアとフランスの園子温監督って感じの映画です。

どうも。連載もいよいよ二年目を越え、「そろそろ単行本にしましょうか？」と不意打ちが如く担当さんに告げられる日を今か今かと勝手に待ちこがれている**俺です、河原雅彦です。**

いやあ、ないですね。そんな気配は微塵も。つか、それ以前に、

「しねーから」

的な担当さんの声が残酷なまでに耳の奥でそっと鳴り響いた気がします。

44歳にもなって所構わずエッチな話ばかりしている俺ですがね、やっぱ書籍化って夢だったりするんですよ、作家の端くれとしては。

でも、いざ本になっても売れねーだろうな。だってさ、ニーズがないもの。

マニアックな映画好きの演劇人が、メジャー作品に触れてほんのり改心していくだけの本なんて、どこにも響かないに決まっとるやん。楽しいの、書いてる俺だけやん。

あー、一体、どんな人達だったらこんな俺に興味を持ってくれるかしら。

親…？　こうなったら俺の親…？

いやいやいや！　そんな究極的なフォロワーにいきなり頼っちゃダメさー。普通に悲し過ぎるさー。と、急な沖縄弁で自問自答している場合じゃなくてね、よくよく考えたらこれまで結構な著名人の方たちがフェイバリットムービーをそれぞれ紹介してくれたじゃないスか！

前田のあっちゃんやら小栗の旬ちゃんやら小出の恵介くんやら綾野剛くんやら、どこに出しても恥ずかしくない超豪華メンバーですよ。もうね、そんな著名人パワーをフル活用してなんとか単行本にならないスかね？　意外と売れたりしないスかね？

「完全に他力本願じゃん」

ヤベ。担当さんの声とオーバーラップして読者層の声までサラウンドで聞こえてきた…。

そんな窮地に追い込まれた俺に、背は高いわカッコは良いわ、頭は切れるわ、けれど俺と同

じぐらいマニアックな映画愛に溢れている**斎藤 工くんよ。**

前回に引き続き、どうか哀れな俺様に救いの手を差し伸べておくれ！

ジャック・オーディアール監督作品『預言者』

やー、落ち着く。大変恐縮ながら、やっぱ完っっっ全に気が合うわぁ。俺の偏った趣味を変えるための連載なのに、工くんてば、がぜん俺好みの映画をおすすめしてくれちゃってんじゃん。てか、新しい扉を開いてくれた？ 久々にゾクゾクするほど刺激を受けましたよ。この映画に出会えてめちゃめちゃ良かった！ ありがとね、工くん。

さて、2009年カンヌ国際映画祭で堂々のグランプリに輝いたこの作品は、しょーもない罪で刑務所に放り込まれた無学で力も無い19歳の若造が、弱肉強食の所内で勃発するハードコアな事件に巻き込まれながら、目を見張る勢いでたくましく成長していく、フランスが生んだ一級品のフィルム・ノワール。

150分の長尺ですが、観始めたら最後、その緊張感と奇想天外なストーリー、そして圧倒的な映像センスであっちゅう間にエンドロールに行き着きます。

かつては『地下室のメロディー』に代表されるこの手の傑作をバンバン輩出してきたものの、駄作続きでいつのまにやらダメ・レッテルを貼られてきたフランス映画界だけに、『預言者』は意表を突かれたと同時に、かなり嬉しい発見でしたね。内容は「もう、自分の目で観て！」としか言いようが無い。

他民族国家ならではの派閥の構図や、それに伴う宗教的な要素も物語の大きな軸になっておりますが、一見ややこしそうに思えるそんな側面も、カレーに投入したチャツネのように絶妙な具合でルーに絡み合っていくので、全く気になりません。むしろ「味、深っ！」って、

EPISODE 25 斎藤工 Takumi Saitoh

うなり声を上げること受け合いです。

『プリズンブレイク』と『ゴッドファーザー』を足して2で割ったような壮大な仕上がりながら、フランス映画らしいニヒリズムとリアリズムに溢れた今作品は、まさにぐーの音も出ないほどの大傑作！　見方を変えれば、囚人界における華々しいサクセスストーリーとも言えるわけで、いやはや…ホントいろんな意味の楽しみ方が出来るとんでもなく面白い映画でごじゃりました。


さて、さすがの切り口で俺のハートをわしづかみしてくれた工くんに全身全霊でお返しの一本。

ロイド・カウフマン監督作品『悪魔の毒々モンスター』

こよなく映画を愛する工くんならとっくに観ちゃってるとは思いますが、先日奇跡のＤＶＤ再発を果たしたこともあり、嬉しさ余って大推薦！　壮絶なる『エロ・グロ・くだらなギャグ』満載のチープなクズ作品をかたくなに作り続けている偉大な映画会社トロマ社の代表作がコレ。トレーニングジムで働く頭の弱い青年が、いじわるボインちゃん達にどうかと思うほどくだらないいじめに遭い、ひょんなことから有毒産業廃棄物に頭から突っ込んじゃうわけ。で、世にも醜い怪物に変身しちゃって、なのになぜか頭が良くなっちゃって、街に溢れる悪党どもをモップ片手にこらしめちゃって、おまけに盲目の美少女と恋に落ちちゃって、そんな二人のＳＥＸシーンも無駄に随所に入ってて…って、とにかく徹頭徹尾ユルユルでくだらないのに、意外と心がほっこりする傑作カルト。

読者のみんなもさっそくこれを観て、俺や工くんの領域に入ってきて下され。

ま、その領域は完全に映画秘宝寄りなわけだけども。

河原お返しDVD

『悪魔の毒々モンスター＜ノーカット無修正完全版＞』

発売中／DVD ¥3,800+税
発売・販売元：キングレコード

今、振り返って…

彼とはこの対談で久々に会いましたけど、ホント何も変わらない人。あの感じだと生きヅラいだろうなぁと思います。オリジナリティっていうのはその人にしかないものですけど、彼のはずっと求められるものになるんじゃないかな。永遠にそのまま、いい俳優になって欲しいですね。『預言者』はいい映画でした。でももう一本の『アギーレ／神の怒り』は『小人の饗宴』の監督なので、まだ観てないんです…（笑）。『小人の饗宴』を撮った監督の初期作品なんて、なおさらハードなんじゃないの…？　"観た瞬間に河原さんに言わなきゃ…！"って俺を何だと思ってんの（笑）。でも『預言者』は、とっても観やすくて面白い映画でしたね。

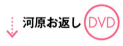

EPISODE 26

瀬戸康史
Koji Seto

●プロフィール
せと・こうじ
'88年５月18日生まれ。福岡県出身。
'05年に芸能界デビュー。
現在、大河ドラマ「花燃ゆ」(NHK総合)に吉田稔麿役で出演中のほか、
教養番組「グレーテルのかまど」(Eテレ)に出演中。
今後、舞台「マーキュリー・ファー Mercury Fur」(2月１日から
シアタートラムほか)、
映画『合葬』('15年秋公開)などに出演。

瀬戸康史さん おすすめ DVD

『ミスティック・リバー』

河原さん、お久し振りです。瀬戸です。僕が河原さんに映画を紹介するという、こんなに緊張することはありません。が、紹介させていただきます。

クリント・イーストウッド監督の『ミスティック・リバー』です。正直、ラストは理不尽な結末だし、かなり暗くて重い作品です。人間って知らず知らずにお互いをランク付けしていて、得をする人と損をする人、真実を知っている人と知らずにいる人。なんだか、現代社会を表したような作品だと感じました。観終わった後に切なく、引きずる作品でした。その分、物語に引き込まれていたんだと思います。

ぜひ、ご覧になってください。

発売中／DVD ￥1,429＋税
発売・販売元：ワーナー・ホーム・ビデオ

どうも。みなさま、お元気でおすごしでしょうか？

先月ふいに襲われたぎっくり腰がいまだ完治せず、ひとつ動くのにも「どっこいしょ」といちいち呟いている、**俺です、河原雅彦です。**

や、参ったねどうも。演出家という仕事柄、椅子にずーっと座ってる機会も多いじゃない？　どうやらそれがマズいみたいね、腰が固まって。しかも、ちょっと稽古場での芝居が上手くいかないと、思わず役者に駆け寄って、**「違うよ！　もっとこう！！！」**って、我を忘れてハチャメチャに動いちゃうわけ。で、我を取り戻した瞬間、「イタタタタ…」って、しゃがみこんじゃうのな。今しがた怒ったばっかの役者さんに「大丈夫ですか？」って起こしてもらい、「すまんね…」ってしょんぼり謝る俺といったら、ホント我ながらどうかと思うよ。

ぎっくり腰になって良かったことっつったら、そうねえ、こうしていろんな場所でネタに出来ることぐらいでしょうか？

この連載もそうだけど、もうね、ここぞとばかりに書きまくってるから。

もう一個やってる連載には二回に分けて書いたでしょ？　めったに更新しないブログやフェイスブックでも話題にしたでしょ？「どんだけぎっくり腰になったこと広めたいの？」っていうぐらい、最近はこのことばっか書いてる。

まあ、こんぐらいしないと元が取れないからさ。週に一回通う鍼灸院で、いい歳したおっさんがお尻丸出しでハリ打たれてる気持ち、想像してごらんなさいな？　ま、今回で書き止めってことで許してちょんまげ！

さて、今回、そんなぎっくりおじさんに素敵ＤＶＤを推薦してくれる有名人は、甘いマスクとは裏腹に、硬派な魅力にも溢れる若手人気俳優の瀬戸康史くん。

やー、やー、瀬戸くん、お久しぶり！　ご活躍、なにかと拝見しておりますよ。

彼とは今年の春に『八犬伝』という舞台でご一緒したばかりなんだよね。こんなところで再会出来るなんて嬉しいス。

一体、なにすすめてくれるのかなあ、と楽しみにしていたところ、届いた作品は、

クリント・イーストウッド監督作品『ミスティック・リバー』

重いよ！　重過ぎて腰にくるよ！　俺、なんかキミに嫌なことしたっけ？　って真顔で訴えたいぐらい重厚な映画なんです、コレ。いや、俺もこの映画好きだけどね？　腰に爆弾抱えながら観るもんじゃないことは確かで。

だって、しっぶーい社会派エンタメ撮らせたら右に出るものナシのイーストウッドが監督でしょ？　で、そんな彼のもとに、ショーン・ペン、ティム・ロビンス、ケビン・ベーコンていう超演技派な男たちが大集結して、始終ジリジリひりひりが止まらない一級品のサスペンスやっちゃってんだもの。

久々に見返してみたけど、１３８分間、息飲み過ぎてめっちゃ腰、固まったわ！

物語は、この主演三人組の子供時代から始まるの。地元で仲良し三人組だった彼らのもとに謎の悪い男が現れてね、たまたま選ばれた一人だけ（ティム・ロビンス）が車で連れさらわれて、後にトラウマを抱えちゃうような暴行を受けるのさ。で、時は流れ、さしたる交流も無くなったおっさん三人なわけだけど、ある日、ショーン・ペンの娘が殺人事件の犠牲者になっちゃって、その容疑者にティムが浮上して、その捜査を刑事になったケビン・ベーコンが担当するっていうのが大まかな流れ。三人それぞれが心に闇を抱え、それが不幸な殺人事件で炙り出されて、最終的に観ててお口からっからになるほどの悲劇を生むっていうね。途中、誰が被害者で、誰が加害者か分からなくなる混沌に満ちたこの作品はミステリーとして

も一級品だけど、実は事件が解決したエピローグが肝でして。いかにもアメリカらしい『神の名の下ならなにやっても許されるご都合主義なメンタリティ』を、物語を通じてイーストウッドが痛烈に批判しているわけですよ。だから、日本人なんかが観ると少々「?」な気持ちにもなるのな、あまりに唐突で。けど、主演三人の**「イーストウッドさん、俺どうですか!　いい芝居やってますでしょ!」**的なアピール満載の超絶演技合戦だけでも観る価値十分。まして、ラストの意味をちょっと掘り下げた目線で観ると、あまりの深さに言葉を無くすぐらいの虚無感に駆られちゃうっていう、早い話が押しも押されもせぬ大傑作でござい。

しかし、瀬戸くんがあのプリティ・フェイスでこんなヘビーな映画をすすめるだなんて。てっきり『ファインディング・ニモ』的なお茶目ムービーがくると思ってたよ…。いやはや、完全に一本取られましたわ。やるじゃん、瀬戸康史!

ってことで、ぎっくりおじさんから瀬戸くんに感謝を込めてお返しムービー。

フランク・ダラボン監督作品『ショーシャンクの空に』

ま、俺らしくもない王道の名画ですが、ティム・ロビンスつながりってことで。

やー、実にいい映画よねぇ。語り部でもあるモーガン・フリーマンの名優ぶりもいかんなく発揮されてるしねぇ。今ね、ちょうどこの作品の舞台版の稽古に毎日通ってるのよ、俺。だから今回瀬戸くんが『ミスティック～』を紹介してくれたのもなんだか運命感じちゃって。それともやっぱ、わざと腰に響く作品選んだのかな、彼。そういや何度か瀬戸くんに、**「違うよ!　もっとこう!!!」**って言った覚えあるしな、八犬伝で。だったら許して。君のこと、どうしようもなくキラキラした俳優さんだって思ってるよ!!!　腰をさすりながら!!!

河原お返しDVD

『ショーシャンクの空に』

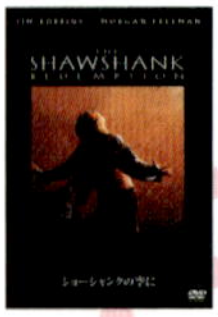

発売中／DVD ¥1,429+税
発売・販売元：
ワーナー・ホーム・ビデオ

今、振り返って…

『ミスティック・リバー』、めっちゃいい映画ですよ。暗いですけどね。やっぱりクリント・イーストウッド監督はすごいです。でも、暗部を見ましたよね、瀬戸くんの。瀬戸くんっていうからイメージ的にかわいらしい映画が来るのかと思いきや…っていう驚きはありました。ちゃんと観ているんだなぁ、こういうの。お返しの『ショーシャンクの空』もいい映画ですよね。好きな映画ベストテンみたいなランキングに必ず入ってくる映画ですしね。主人公が鬱屈したところに置かれている感じとか、日本人がすごく好きな設定なんでしょうね。

EPISODE 27

大根仁 監督
Hitoshi One

●プロフィール
おおね・ひとし
'68年12月28日生まれ。東京都出身。

映像ディレクター。「リバースエッジ 大川端探偵社」などのTVドラマ、マキシマムザホルモンなどのMVや舞台演出を手掛けるかたわら、コラム執筆やイベント主催など幅広く活動する。

監督・脚本を手掛けた映画『モテキ』('11)や、インディーズ映画『恋の渦』('13)はいずれもヒットを記録。

最新作『バクマン。』は10月公開。

大根仁さんおすすめ DVD

『ラストラブ プレミアム・エディション』

おすすめするのは田村正和さん主演の『ラストラブ』です。近年稀に観る邦画の大傑作だと思います。すべてが薄っぺらいんですけど、カルトとかそういう概念を超え、奇跡的なコラボをしていて逆に全シーン全カット見どころしかないくらいです。邦画を意地悪に観ているということではなく、これはこれで素晴しいじゃないかって。僕は（公開時）初日に観に行きましたし、DVDも特典付きを発売日に買いました。この間もストックのためにさらにDVDを買い足しました。みんなで観るとすごく盛り上がります。河原さんとは、この2～3年くらいお互いに忙しくて、一緒に飲めてないんですが、いつでも一緒に飲みましょう！

発売中／DVD ¥4,700＋税
発売元：スタイルジャム、テレビ朝日
販売元：NBCユニバーサル・エンターテイメント

どうも。多分この号に掲載されていると思うのだけど、岡田将生くん主演映画『オー！ファーザー』で俳優として参加させてもらった関係で、先日開催された沖縄国際映画祭に出席したはいいけども、その夜、案の定泡盛を呑み過ぎて裸足でホテルを徘徊し、翌日、起きたらすっかり靴を紛失していた**俺です、河原雅彦です。**

まあ、その日は朝四時起きだったし、沖縄に着いてからもかなりの強行軍で、仕事終わりで美味い酒を呑んだらこうなるっておおよそ分かっちゃいたんスよ。昨年末に断食道場行って以来、こういうの何度もあったしね。酒量自体は以前と変わらず呑めるんだけど、酒が回る早さが激変したわけ。体質改善で血流が良くなっちまったせいだと思う、完全に。ああ…コレステロールまみれで濁りに濁っていた血液時代が本気で懐かしいっス。翌日も朝から取材だったのだけど、仕方ないから裸足にスリッパで会場に行って、そしたら（宮川）大輔さんが「部屋に知らない靴と靴下が脱ぎ散らかしてありました」って、わざわざ取ってきてくれて。いやはや、大変ご面倒をおかけしました。沖縄では、映画の取材となると自分がお笑い芸人であることをついつい忘れ、面白いことを一切言うこと無く、生真面目に質問に答え続ける大輔さんの〝いい人ぶり〟を終始ちゃかしていましたが、大輔さんはやっぱり腹の底からいい人だと思います。急に酒量を控えるなんて俺には出来ないけど、これからはチェイサーを挟むなど、泥酔しないよう頑張って気をつけますんので、東京でもまた遊んでやって下さい。よろしくお願いします!!

…と、沖縄での謝罪をなぜかここで済ませた俺に、今回おすすめ映画を提供して下さる大輔さんばりの恩人は、伝説の深夜ドラマを何本も世に送り出した深夜番長、映画『モテキ』の大ヒットでもお馴染み**大根仁監督**でござーい。

大根さんとはもう何年前になるかな…？『アキハバラ@DEEP』って深夜ドラマで楽しくお仕事をさせてもらって以来（あの時は脚本参加）、親しくさせてもらっているわけですが、

あの大根さんだったらスゲー面白い映画を教えてくれるはず!! んで、大根さんから届けられた作品は、

田村正和主演・伊東美咲ヒロイン作品『ラストラブ』

ん…なにこれ？ 編集部の担当さんが間違ったDVD、送ってきちゃった？ だって、大してクセも無さそうなライトな恋愛映画じゃない？ これって。おまけに携帯小説が原作だし、監督も普段はTVドラマを撮ってる方だし…。あの大根さんだったら例えばマニアックなホラーだったり、普通に考えて、俺好みのカルトな作品を選んでくるハズでしょ？ えー、ちょっとなにこれぇ？ 仕事疲れも溜まってるから、間違ったDVDを観る暇があるなら休みたいんだけどぉ。ま、いっか。試しに観てみっか。面白くなかったら編集部に文句つければいいんだもん。「大根さんのおすすめ、絶対コレじゃないですよ！」って。と、こんな感じでクサクサ観始めたわけですが、開始二分弱で分かりました。早い話がこれ、まごうことなき大根さんチョイスです。そして、**目から鱗のミラクル超絶とんでも映画**です。

NYロケを敢行するなどそれなりにお金も掛かったろうに、どうしたらこんな映画が出来上がってしまうのでしょう…？ オカルト情報誌『ムー』が取り上げてもいいくらい、超常現象級の不可思議ムービーなんだもの。

もうね、数え上げたら切りがないス。

主人公の正和さん演じる凄腕サックスプレーヤー自体は、さすが銀幕のスター。笑けるくらい雰囲気があるのだけど、そんな正和さん、胃がんにおかされていましてね、余命幾ばくもないのでございますよ。なのに、一人娘と二人で食べようと正和さんが自宅で調理するナポリタ

ンの量が余裕で四人前はあるわ、高級レストランでのヒロインとのデート中に急な体の異変を感じ、お洒落に席を外したはいいけれど、当たり前のようにみんなが使う洗面台で吐瀉物をまき散らし、汚れた鏡に向かってキメ顔をなさるわ、満面笑顔のヒロインがさほど面識の無い正和さんの一人娘にサプライズで犬をプレゼントするわで、「しかもケチャップの分量おかしいよ。麺が真っ赤じゃん」「便器で吐けよ」「もし犬嫌いの子供だったらどうするつもりだったんだよ」などなどツッコみを入れ続けているうちにマジで映画は終わります。そもそもサックスに要する肺活量、ナメんなって話ですね。おそらく死にかけの胃がんの人、あんなにいい感じでサックス吹けねーもの。とにかく脚本と演出がこちらの理解の遥か上を行き、ある意味、素晴らしいことになってます。こんな『とんでも映画』、とてもシラフじゃ観れないですから。夜中にワインを呑みながら鑑賞したけど、完全に悪酔いですよ！　主演の、息を吸いながら喋るので肝心な台詞がイチイチ聞き取れないっぷりと、ヒロインの、「ここまでくるときっと狙いがあるのでは？」と観る側に勝手に深読みさせてしまう完成された棒読み芝居も伝説の域だと思います。やー、さすが大根さん。よもや、こっち方面から攻めてくるとは。

では、俺から大根さんに負けじと『とんでも邦画』返し!!

薬師丸ひろ子主演作品『わさお』

この映画も「なぜ誰も止めなかった?!」と天空に叫びたくなる迷画の大傑作。犬が主人公だっていうのに、なんの感情移入も出来ません。思えば『とんでも映画』の大前提って、作り手側が真剣そのものなんですよね。だからその分、余計に手に負えないというか。

さ、みなさんも悪酔い覚悟でお酒呑みながらどうぞ。翌日、裸足で仕事に向かえますよ!!

河原お返しDVD

『わさお』

発売中／DVD ￥2,800+税
発売・販売元：ポニーキャニオン

今、振り返って…

ホントに面白かった！（連載用に）観た後、すぐ保存用を買いました。最初は悪意があるのかと思って観たんですけど、ホントに大根さんすすめてくれてありがとう！　と思いましたもん。ワンシーンワンシーンがホントにあり得ないことの連続で、化学変化っていうより、劇薬になってますよね。今喋ってたらまた観たくなりましたもん。さすが大根さん！　これをどう観るかで、友達を判別できるくらい（笑）。そんな大根さんは『わさお』も絶対観てるはず。

EPISODE 28

須賀健太

Kenta Suga

●プロフィール
すが・けんた
'94年10月19日生まれ。東京都出身。
'99年にデビュー以降、ドラマ、映画、舞台などを中心に活躍。
主な出演作に、映画『スイートプールサイド』『青鬼』、
舞台「タンブリング FINAL」など。
今後、出演映画『でーれーガールズ』が２月21日より公開。

須賀健太さん おすすめ DVD

『７番房の奇跡』

僕が初めて観た韓国映画です。あらすじ的にもお涙頂戴感満載の映画でしたが、実際に本編を観ると役者のみなさんの演技がそこに説得力を生み出しています。中でも、主演のリュ・スンリョンと子役のカル・ソウォンの掛け合いが素晴らしい映画でした。

この映画を観て以降涙腺が緩みっぱなしですぐ泣くようになってしまいました(笑)。

ぜひ、ご覧になってください。

発売中／ DVD ¥3,800+税
発売元：ミッドシップ
販売元：TCエンタテインメント

ども！　先日、長年使っていたパソコンが急にこれまで聞いたことがない音を発したかと思うと突然のブラックアウト……その後うんともすんともいわなくなってマジ途方に暮れた

俺です、河原雅彦です。

それはとある映画脚本を執筆中のクライマックスに起こったわけですが（編集部の方々、無事公開になりましたら是非もんで取材して下さいませ）、途方に暮れつつも尿に心は穏やかで。なんだろう……『妙に』と書きたいところを**『尿に』**と書いてしまっても、そのまま誌面に乗せちゃうぐらいの余裕感。人間、極度の衝撃に直面した時って案外こうなるもんですね。朝起きて女になってたらこんな感じかなあとか思ったり。なにせ来月で45歳になるからね。とりあえずベランダに出て空を見上げながら、「もう子供は産めないわねえ」とか**「大急ぎで婚活しなきゃ」**とか考える気がする。あ、あと「服、買い直さなきゃ」とか。あ……パソコンの話ね？　で、その後、程なく落ち着きを取り戻し、数時間後には新しいパソコンを入手して仕事を完遂したのだけれど、目の前で息絶えた相棒を思うと素直に喜べなくて。「この達成感はお前と味わいたかったよ……」と相棒の亡骸を見つめ、しばししみじみ。なので今回のこの原稿もＮＥＷパソコンで書いているわけだけど、ここは本家『相棒』の杉下右京さんを見習って、たとえ慣れ親しんだ相棒がコロっと殉職しても、どうかと思うぐらいマイペースに連載を重ねていきたいと思います。

さてさて、今回、そんなオイラをどひゃーっと染めて下さるゲストは、子役時代からその確かな実力を様々な分野で高く評価されております若手人気俳優・須賀健太くん。いやん、須賀くん！　初めましてー!!　君のような若人の趣味に触れさせてもらえるなんて、なんだかこっちまで瑞々しくなっちまいそうで、どうえりゃあ嬉しいス。こちとら邪気にまみれたいい加減なおじさんですから。君のクイックルワイパーで、隅々まで汚れたおじさんの心を思う存分奇麗にしてやっておくんなまし。

で、須賀くんおすすめの一本が、これ。

リュ・スンリョン主演映画『7番房の奇跡』

昨年、韓国のアカデミー賞4部門を受賞し、韓国国民の4人に1人は映画館に足を運んだという大・大・大ヒット感動作だそうで。

冤罪で投獄された知的障害者である父と、しっかり者で純粋な娘の揺るがない絆を守るため、囚人達や刑務課長までもがあの手この手で策を巡らすというこの映画は、健太くんが紹介する通り、お涙頂戴巨編のフォーマットを駆使しまくった作りとなっておりまして。

確かに日本人感覚からすれば、起こる展開起こる展開、「んな、アホな……」の連続で、「感動させりゃあなんでもいいんかい！」と声高にツッコみたくなるご都合主義ハリケーンが終始吹き荒れておるのですが、その分、そこに異様な説得力を持たせてしまう韓国俳優陣の質の高さに改めて感嘆出来る、困りモノと言えば困りモノの一品。

なにせ名画『ショーシャンクの空に』の舞台版を演出させてもらったオイラですから。娑婆からの物資を刑務所に調達するのにどれくらいのリスクと難易度を要するのか痛いほど心にしみているわけで、この映画のように、子供を調達して独房で囚人達と共同生活を送るだなんて、たとえフィクションでもあり得ないわけですよ。たとえばそういう無茶なストーリーを思いついたとして、脚本家がどれだけ苦労して伏線を引きまくるかってことも、ここではただただ強引にすっ飛ばしてますから。確かにエンターテイメントにケレン味は不可欠だとしても、これは**あまりにやり過ぎ。**普通ならとても素直に観られるお話ではございません。しかし、先にも触れましたが俳優陣がとんでもない。韓国を代表する実力派が集結したのもありますが、やっぱいつもながらに感心してしまうのは、ほんの一言しか台詞が無いようなエキストラ俳優までもが素晴らしいって、逆に日本じゃ考えられないですよね？　こっちの映画やドラマなんて、ちょっとどうかと思うような演技しか出来ない人までが、いけしゃーしゃーと主演級をやってますから。あと上手い俳優が偏り過ぎていて、製作側が同じ人ばかりをキャスティングしてしまい、結果、鮮度に欠けてしまっていたりとか。韓国映画を観るたびに、ついつい我が国の現状を嘆いてしまう人も多いと思います。いろんな意味でやり過ぎ感は拭えないけど、それも含めて韓国映画界の豊かさを羨ましく感じてしまうというか……ま、この映画はあまりのやり過ぎで、とっても惜しい感じになっちゃってますがね。

さ、てなわけで、今回健太くんに紹介する俺的おすすめムービーは、

クエンティン・タランティーノ監督作品『ジャンゴ』

タランティーノ作品はどれも超おすすめですが、この最新作でも見事にやってくれました！　あっちでいうところの時代劇〝ウエスタン〟を、**タラちゃん完全オリジナル、**問答無用のケレン味溢れるスーパーな映画にきっちり仕上げてくるあたり、圧巻の一言ですな。推進力の塊のような展開力、クールに張り巡らされる伏線、ＢＧＭがかかるタイミングとその選曲センス、タラちゃん本気の悪ノリに煽られ、嬉々としてその実力を余すこと無く発揮しまくる名優達……。唯一無比のエンタメを作れる貴重な監督ですよ、タラちゃんは。『７番房の奇跡』も彼がリメイクすれば、もっと笑えてもっと泣ける（これは怪しいか？）映画になっただろうに。観るものに感動を与えようなどとは露とも思わず、とにかく撮りたいものを撮る!! どうしようもなく表現者の鑑ですよ、タラちゃんは。

河原お返し DVD

『ジャンゴ　繋がれざる者』
ブルーレイ&DVDコンボ（2枚組）【通常版】

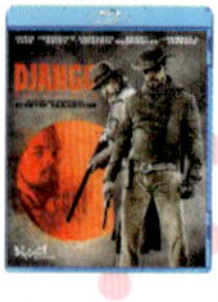

発売中／DVD ¥4,743＋税
発売・販売元：㈱ソニー・ピクチャーズ エンタテインメント

今、振り返って…

韓国の映画は俳優がいいですから、見応えはありましたね。面白いところもたくさんありました。この時はクエンティン・タランティーノの『ジャンゴ』をお返ししていますが、月並みですけど、『キル・ビル』がとても好きで。タランティーノが思っているだろう日本のカッコ良さってものが全部集約されてるんです。あり得ないシチュエーションがあっても、でもタラちゃんだから、って、そこもスカっと観られちゃう。でたらめもすごく乗れるんです。『ジャンゴ』も同じように無茶苦茶な話なんですけどカッコいい音楽と画面があって、それだけで納得させられちゃう。カッコいいというか、センスのある中二病って感じですかね。

スペシャル
対談
4

みうらじゅん
Jun Miura

×

河原雅彦
Masahiko Kawahara

**河原雅彦の好評連載「アナタ色に染めてほしいの…」の特別対談企画。
そのお相手として、本邦初の「日活ロマンポルノ検定」の開催を発表した
みうらじゅんを招いた今回は、最初からヒートアップ！
日活ロマンポルノの魅力から検定の詳細まで
アツく語り合いました。**

スペシャル対談 4

Jun Miura × Masahiko Kawahara

男と女ではエロいと思うことが違うから全体会議を開くべき！

河原　僕も日活ロマンポルノ、好きなんですよ。でも、DVDになってから観始めたから映画館で観た経験がなくて。それに僕は監督に興味を持って観るようになったので、入り方が全然違うんです。

みうら　俺のほうは当然、エロ目的で（笑）。当時、エロ映画しかなかったから。

河原　だから、映画館でどんな風に観ていたのか、すげー興味があって。

みうら　高校の時に「先輩」って呼んでいた同級生がいたんだけど…。

河原　「先輩」って呼んでいた同級生？

みうら　おっさん顔だった先輩はもうすでに中三で日活ロマンポルノ映画デビューしてたから（笑）。中学の学生証の〝中〟のところを指で隠して、チケット売り場で「大学生」と言って平気でパスしてたらしいんだけど、俺も先輩に「そろそろお前もな」って肩を叩かれて高一でデビューしたんだ。でも、その映画館にはゲイの人もいて、高校生は狙われるから怖かったんですよ。

河原　それでも行かれてたんですか？

みうら　（一拍おいて）一日中いた（笑）。

河原　うらやましいですね。そういう悲喜こもごものエピソードも込みで、日活ロマンポルノの醍醐味って感じで。
みうら　そのころまだ、引きこもりって言葉はなかったけど、俺はポルノ映画館の引きこもりだったから(笑)。
河原　少し前から若い女の子の間で日活ロマンポルノがちょっとブームになってますけど、あれってどう思います?
みうら　何年か前に(「SMの女王」と呼ばれた)谷ナオミさんをゲストに呼んで、SM映画の上映会をやったことがあったんですよ。そしたらお客さんが女の人ばっかりで、トークの後に谷さんと一緒に場内で観ていたら、みんな笑うんだよ!
河原　笑うんだ?
みうら　SMって様式美じゃないですか?男はそこがエロいと思っているんだけど、女性はおかしいみたいで。そしたら、谷さん、少し不機嫌になられて。
河原　それは切ない…。

みうら　男が考えるエロと女の人が思っているイヤらしいことって全く違うんだよね。男と女の全体会議がまだないから明かされてないけど（笑）。

河原　それ、やるべきかも。

みうら　「日本のSM映画はフランスではアートとして認知されてる」って聞いたことあるよ。

河原　僕、『㊙色情めす市場』（'74／田中登監督）が大好きなんですけど、あの作品も

みうらさんは僕の"先輩"になっていたと思います（笑）

スペシャル対談 4　Jun Miura × Masahiko Kawahara

フランス映画みたいでしたよ。

みうら　カッコいいもんね。

河原　『宇能鴻一郎の濡れて打つ』（'84／金子修介監督）も名作でした。

みうら　『ガメラ』のずっと前のね（笑）。

河原　こんなの思い付いてもやらねえよ！っていう、本当にバカバカしいことを全部やってくれているんです（笑）。まさに男の夢（笑）。

同い年だったら、日活ロマンポルノを一緒に観に行ってたのにね（笑）

みうら　「エースをねらえ！」のパロディだったよね（笑）。
河原　スピンしたボールがお蝶夫人の股間でギュルギュル回転するカットとかがあって（笑）。
みうら　本当、1シーン1シーン、時間を掛けて撮っているよね。
河原　絶対、そうです。僕、B級のホラーとか、そういうアナログ感のあるものが大好きで。恐怖もエロも、作り手が一生懸命こだわっているところが面白くて観始めたんですよ。
みうら　怪獣映画もそうだったしね。中二の発想のものをいい大人が一生懸命撮ってるんだよね。
河原　『天使のはらわた 赤い教室』（'79／曽根中生監督）、『天使のはらわた 赤い淫画』（'81／池田敏春監督）などの〝赤いシリーズ〟も、叙情的なシーンをすごく熱の入った撮り方をしてますよね。
みうら　アメリカン・ニューシネマ以降の作品って、ストーリーも、構図もすごいんだよ。
河原　女優魂もすごいし。
みうら　そうなんだよね。今のAVって本気の人が出ているけれど、日活ロマンポルノはやはり全員女優だから、そこが全然違うよね。
河原　それはホント大きいかもしれません。
みうら　でも、俺は日活ロマンポルノは美保純までだったわ。
河原　『ピンクのカーテン』（'82／上垣保朗監督）ですね。
みうら　そうそう。でも、もうあれは完全に女性主動の映画でね。ヒロインのキャラがすごく自然で強いし、美保純さんの演じている妹が裸で部屋の中をうろつき回っていて、お兄ちゃんのほうが逆に恥ずかしいんですよ。お兄ちゃんのあそこを見て「勃ってる！」なんて言ってさ。男は女性に「勃ってる」って言われたくないじゃないですか（笑）。いや、情けない。

河原　ああ、分かります。分かります。

みうら　SEXシーンがカラッとしているんだよね。それまで俺はジメッとしたSMもので育ってきたから、どうも時代の流れについていけなくて。

日活ロマンポルノ検定は大学の講義室でやっぱりやりやりたい！

河原　ところで、「日活ロマンポルノ検定」(※現在は終了)ではどんなことをされるんですか？

みうら　〝『□と□』という映画のタイトルの□のところを埋めなさい〟とかかなぁ。当然、答えは『花と蛇』('74／小沼勝監督)ですけどね(笑)。でも、『□から□から』の正解は『後から前から』('80／小原宏裕監督)になるんだけど、『山から海から』って書く人もいるかもしれないですね(笑)。

河原　どこでやるんですか？

みうら　講義室で試験をやりたいから、本当は大学がいいと思うんだよね。カルチャー・センターみたいなところじゃイヤだって言ってるんですよ。で、その場で採点してもらわなきゃいけないので、その間に俺がエロ話をしようと思っているんだけど(笑)、1位の人は日活ロマンポルノのDVD100本がもらえるってことにしてって言ってるんですけど。(※当日は上位入賞者にロマンポルノのポスター現物が贈呈された)

河原　マジで？　スゲ～(笑)！

みうら　その場でダンボールに入れてあげたいね(笑)。

河原　マニアックな質問も出ます？

みうら　男優の問題とかね？

河原　それはマニアックですよ(笑)。

みうら　その人の写真をポ～ンと出されて、〝この男優は誰？〟って言われても、なかなか答えられないと思いますよ(笑)。

スペシャル対談4 Jun Miura × Masahiko Kawahara

河原 いや、無理ですよ～(笑)。

みうら でも、また出てる、また出てるっていう人や、中にはTVで今すごく活躍している俳優さんもいますからね。

河原 そうですよね。田山涼成さんとかガンガン出てらっしゃいますよね。あっ、検定は女性も受けられますよね?

みうら 18歳以上なら大丈夫です。言ってみれば、歴史検定だから(笑)。俺、検定の当日は鉛筆も配りたくて。六角形の鉛筆で、それぞれの面に『くいこみ海女乱れ貝』とか『花芯の刺青 熟れた壷』とか日活ロマンポルノのタイトルが書いてあるやつ(笑)。

河原 それ、超欲しい(笑)。

みうら やっぱ欲しいでしょ! 分からない時は、それを転がせてね(笑)。

河原 逆に、神童みたいな人もいるかもしれないですね(笑)。

みうら それはいるでしょう(笑)。10分ぐらいで解答用紙を出しちゃって教室出るヤツね(笑)。

河原 いや～、今日は本当に楽しかったです。

みうら 同い年だったら、当時、一緒に日活ロマンポルノを観に行ってたのにね(笑)。

河原 確実に、僕の先輩だったと思いますよ(笑)。

取材後記

みうらさんはロマンポルノを始めとした僕の好きなもののオーソリティですから、今回は対談というより、聞きたい話をいっぱいしてもらった感じでした。みうらさんは多彩な趣味を趣味だけに終わらせず、職業に直結させているので、僕の中では趣味の巨匠。深さが違うんです。でも、その世界にどうやって入ったのか? って話ではすごく同調しやすかったし、人間味が感じられて面白かった。自分がそういったものを好きになったころのことを思い出して、甘酸っぱい気持ちにもなりました。でも、みうらさんのような先輩方がいたおかげで、B級サブカルチャーって今も残っている訳じゃないですか。僕も後輩にその魅力を前のめりで語り継いでいかなきゃと思いました。

●プロフィール

みうら・じゅん

'58年2月1日生まれ。京都府出身。
'80年に漫画家としてデビュー後、
イラストレーター、エッセイストなど幅広い分野で活躍中。
'97年には「マイブーム」で新語・流行語大賞を受賞。
ほかに「ゆるキャラ」「クソゲー」などの言葉を生み出した。
現在、TV「みうらじゅんのグレイト余生映画ショー in
日活ロマンポルノ」(衛星劇場)などの
レギュラー番組のほか、様々な雑誌で連載を持つ。
http://www.miurajun.net/

スペシャル対談 4

Jun Miura × Masahiko Kawahara

EPISODE 29

みうらじゅん

Jun Miura

みうらじゅんさん おすすめ DVD

『フランケンシュタイン対地底怪獣《バラゴン》』

発売中／ DVD ¥2,500＋税
発売・販売元：東宝

女医に死なない心臓を移植された少年が、どんどん巨大化しちゃうんです。それでも女医は少年を「坊や」って呼び続けて、そこに怪獣になった少年の切なさが出ているんだよね。それに、巨大化した彼が女医の団地の部屋を覗くシーンがあるんだけど、その団地のセットがものすごく良くてね。『美女と液体人間』('58) や、『ガス人間第一号』('60) などの東宝の“変身人間”シリーズと怪獣映画の合体だから、怖いし暗いし大人っぽい。これは面白いですよ。

いやん！ どうも。ここ最近は深夜ドラマの監督なんかをやってまして、日々、カルチャーショックの連続にアタフタ☆ドキドキな**俺です、河原雅彦です。**

やー、いざ渦中に放り込まれると、本業の演劇とはやっぱ具合が全然違いますわ…。常日頃、定時に始まり定時に終わる演劇の現場と違って、ドラマの撮影って全く時間が見えないですから。毎朝遅くても6時には家を出て、その後は一日中時間に追われまくり。気がつけばぁっちゅう間に日が暮れており、家路に着けば気絶するようにバタンキュー。なんだろう…労働基準法なんてこの世界にゃ存在しないのね？ そんな日々が一ヶ月以上続くのですから…こんなの契約社会のアメリカじゃ考えられないでしょ？ ドM以外絶対務まらない気がする、日本のドラマ業界に携わるスタッフさんって。ロケの撮影ひとつ取ったって、方々で車&人止めして、「さあ、撮りましょ！」ってなった瞬間、偶然、飛行機は飛んでくるわヘリは飛んでくるわで撮影がいったん止まって、やっとこさカメラが回れば回るで集音マイクが見切れたとかでもう一回ってなって、スタッフさんがヘコヘコ頭を下げながら今まで止めてた車や人を通して、んで、また止めて、やっとこさ再びカメラを回せば肝心な台詞を役者が噛んでまたもう一回ってなって、イライラする気持ちを必死で押さえて「さあ、次こそは！」とみんなで集中し、「本番っ‼ よーい、スタート‼」ってまたまたカメラ回して、「うん、いい調子いい調子…飛行機来るなよ…ヘリも飛ぶなよ…集音マイク気をつけてね…役者もいい芝居してんじゃん…いいぞいいぞぉ」と進んだ最後の最後に、近所にお住まいのおばちゃんに雨戸をガラガラ‼ っと開けられて、ドリフのコントみたく撮影隊みんなでズッコケる…的なことの繰り返し繰り返し…。ほんの数十秒のシーンひとつ撮るだけでもこんな調子ですから。そんなシビアな環境の中、アチコチでスタッフさんの怒号が飛び交うしね、もうね、僕からしたら、戦場にポンと送り込まれたウサギちゃんみたいな心境ですわ。それでもなけなしの勇気を振り絞って納得がいく画が撮れるまで粘らせてもらってますが…かなり心臓に悪いです、正味な話。あ、でも、おかげさまで完全に面白い作品になりそうなので、皆々様、よろしかったら是非ご覧あれ。大好きなゾンビものですしね。日本の連続ドラマとしてはなかなか画期的なことになってるんじゃないでしょうか。

と、まあ、カルチャーショックのほんの一握りを書いただけでこれだけ文字数を費やしちゃうわけで。ここらで本題に入らないとただのエッセイになっちゃうや。前回から引き続き登場の、大尊敬するみうらじゅん先輩からのおすすめＤＶＤをここらでコールしなくては。

本多猪四郎＆円谷英二監督作品『フランケンシュタイン対地底怪獣《バラゴン》』

さすが幼き頃からエロと仏像と怪獣をこよなく愛してきたみうら先輩！　昭和に生まれし男子なら、かつて東宝が誇りに誇った特撮シリーズに胸躍らせないヤツなんかいないわけで、わたくしめにとっても大好物なジャンルからとびきりカルトな一品を挙げて下さいました。

まあ、ストーリーはタイトルを見てもらえば誰しも想像する通り、巨大化した不老不死の怪物と地底から這い出たバラゴンなる怪獣が死闘を繰り広げるわけですが、それはいわゆる怪獣モノのお約束。物語のほとんどが、東宝特撮看板女優・我らが水野久美様とフランケンシュタインとの心温まりつつも、とっても切ない心の交流で埋め尽くされています。怪獣映画としては初の日米合作作品なのも頷けますね。かの名作『キング・コング』と同じフォーマットですもの。とはいえ、かなりエポックな作品でして、なにせ人間タイプの超人と怪獣が闘ったのはこの映画がお初。ここからウルトラマンの発想に繋がっていったわけですから、なかなか味わい深いですな。あと、やっぱ衝撃のラストシーンね。映画の冒頭、牛でも鶏でもそれこそ学校で飼育されてるウサギでもなんでもむしゃむしゃ食べちゃう孤児として登場するフランケンだけれども、その実、無垢で優しい心の持ち主で。そんな彼はやがて巨大化し、

「殺せ！　殺せ！」と人類から追われる身となるも、最後は愛する水野久美様のため、燃え盛る山林を背景にバラゴンと大熱戦を展開。バラゴンの首をへし折り勝利を収めるも、開いた口が塞がらない勢いで突如現れた大ダコに、海に引きずり込まれてその最期を遂げ、この映画は唐突に終わります。やー、燃え盛る山林にタコが現れるって、**普通ナシでしょ？** その意外性たるや、北極でセミが鳴いてるぐらいのパンチあるもの。けどね、いくらバラゴンに勝ってもフランケンシュタインはフランケンシュタイン。しょせん人類との共存は無理なわけで、確かにシュールなラストシーンなんだけど、その実、我々人類への痛切な皮肉が込められているわけですよ。自分勝手な人間達の手にかかるぐらいならタコに殺させちゃえ、みたいな。そう考えるとなんとも悲哀に満ちたラストシーンですよね？　特撮っていうと、一般にはお子様向けの印象がほとんどでしょうけど、いやいや、なかなかどうして。東宝の特撮シリーズには、社会問題や人間の本質を扱った、大人向けの傑作映画も数多く存在するのでございます。

さてさて、大変恐縮ながら、みうら先輩にやさぐれた後輩からお返しの一本。

シン・ジョンウォン監督『人喰猪、公民館を襲撃す！』

〝怪獣映画史上、最小スケールのスペクタクル！〟と銘打たれた韓国発アニマルパニックムービーが、これ。まあ、先輩はすでに観てるんだろうけど、未見の方は是非ご覧あれ。すんげー面白いから！　催し物で賑わう楽しげな公民館に、まあまあ巨大な猪が突っ込んできたら、まあまあどころかどえりゃー修羅場になるってことがよぉく分かります。怪獣じゃなくて猪ってところが等身大を感じさせていいっスね。意外や意外、最終的に手に汗握る展開が続く、大満足な一本です。

河原お返しDVD

『人喰猪、公民館を襲撃す！』

発売中／BD ￥4,800＋税
発売・販売元：キングレコード

今、振り返って…

とにかく緊張しました。インディーズ出身の人間からしてみたら、こっちの世界のトップがみうらじゅんさん。尊敬を通りこして神様じゃないけど、そのくらいの透明感があったというか。そんなみうらさんからのおすすめ映画は面白かったです。特に誰に共感してもらいたいっていう映画ではないんですけど、去年公開された『パシフィック・リム』と同じように、他者を寄せ付けない感じの映画です。ようするに、おバカな映画なんです。お返しした『人喰猪、公民館を襲撃す！』は、B級の扱いをされてますけど、等身大のパニックムービーで、ものすごくいい映画です。

あとがき

さ、みなさまいかがでしたでしょうか？

どないもこないもありませんよね？

そりゃそうでしょうとも。前書きでも述べさせていただいた通り、この本はヤクザな演劇人が自分自身に向けた自己啓発本なわけで、「読み終わって涙が止まりませんでした！」って内容じゃちっともありませんから。

とはいえ、この本を手に取って下さった物好きな方が、一人でもここで紹介された映画を鑑賞してくれたらこんなに嬉しいことはございません。

果たして人は人生のうちで何本の映画に触れ合うことができるのか…そんなの知る由もありませんが、普段なら絶対自分からは手を出さないジャンルに踏み込んでみるのもなかなかいいものですな。もしもこの本がアナタにとってそんな機会になってくれたら、〝超〟がつくぐらい本望であります。

とかなんとか言いつつも、この連載を続けて自分の趣味が変わったかといえば、マジですんまそん。僕自身、筋金入りのマニアック体質なもので、なかなかそうもいかないのですが、それでもほんの少しだけ間口が広がったというか、どんなジャンルの作品でも優れた映画にはそれ相応の魅力が詰まっていることを、身を以て知ることが出来ました。

や、こんな僕に至極のおすすめムービーを紹介して下さった皆々様、本当にありがとうございました。

大袈裟じゃなく、あなた達は僕の教科書です。いや、書いたそばからすいません、めっちゃ大袈裟でした。けど、愛する映画作品をこうして共有出来たわけですから、勝手に親近感持っちゃってます。次はお互いに好きな映画を持ち合って、僕の家で見せっこするような企画がやりたいかも。ポップコーンをおつまみにビール片手にワイワイやりながら。なんなら相手が可愛い女優さんだったら、ソファーで手とか握りしめ合ってね、そいで『ホステル』みたいな鬼畜映画観るわけ。ま、そんなオファー、完全に事務所ＮＧ出され続けるでしょうけど。

とにかく、幸運なことにまだしばらく連載の方は続くようでして、これからどんな作品に出会えるのか、今から楽しみで仕方ありません。

こんな僕に付き合ってくれた編集部の皆々様、改めましてこれからもよろしくお願いします！　書籍化までしてくれて言葉がありません！

そして、こうして後書きまで読んで下さった物好きなアナタ！

勝手な親近感、アナタにも湧きまくってます。

どうしたらそれが実現出来るかさっぱり分かりませんが、良かったら今度一緒に僕んちのソファーに腰掛けてＤＶＤ観ましょう。

かつて一大旋風を巻き起こした連続ドラマ

デイヴィッド・リンチ監督作品『ツイン・ピークス』の待望過ぎる奇跡の続編が２０１６年に公開予定でして、今現在、復習を兼ねてかれこれ五度目になる過去作の鑑賞に明け暮れる僕と、どうか友達になって下さい！ 全29話あってエピソード0的な映画版も出てますから、見終わった頃には結構な親友になってると思います。

本の後書きがこんな締め方でいいのか分かりませんが、ま、いいでしょ。

それでは皆様サヨウナラ。

河原雅彦

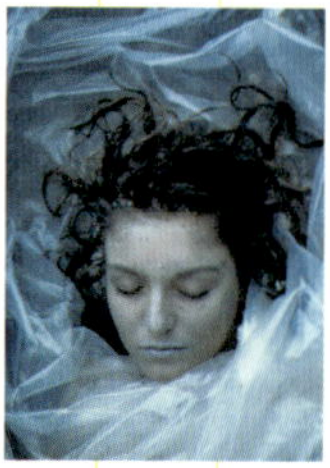

『ツイン・ピークス 完全なる謎』

発売中／BD BOXセット￥29,000＋税
発売・販売元：パラマウント ジャパン

本書は、「CINEMA SQUARE」vol.26からvol.67までの
連載「河原・マニアック・雅彦のアナタ色に染めて欲しいの…」を加筆修正し、
書籍として刊行するものです。

河原雅彦
（かわはら・まさひこ）

'69年7月7日生まれ。福井県出身。
'92年にHIGHLEG JESUSを結成し、
'02年に解散するまですべての作品の作・演出を手掛ける。
'06年に演出を務めた舞台「父帰る／屋上の狂人」で、
第14回読売演劇大賞最優秀演出家賞を受賞。
'14年は、舞台「ねずみの三銃士『万獣こわい』」「中の人」
「カッコーの巣の上で」「THE ALUCARD SHOW」、
ドラマ「玉川区役所OF THE DEAD」、
映画『オー!ファーザー』『大人ドロップ』（※出演）、
『ピカ☆★☆ンチ LIFE IS HARD たぶん HAPPY』（※脚本）などを手掛けた。
現在、演出舞台「歌謡ファンク喜劇『いやおうなしに』」
（'15年1月よりKAAT神奈川芸術劇場ほか）が上演中。

Masahiko Kawahara
Profile

企画・編集●小栗圭司　鳥居江利（有限会社ビッグ・バン・センチュリー）
カバーデザイン●森永みぐ
本文デザイン●菅沼　画
写真●駒井夕香／吉岡希鼓斗（P049～P058、P103～P112）
秋倉康介（P129～P138）／桜井隆幸（P155～P164）
文●木俣　冬（P049～P058）／野上瑠美子（P103～P112、P129～P138）
イソガイマサト（P155～P164）
協力●株式会社ハイレグタワー

スターおすすめられシネマ
アナタ色に染めてほしいの…

2015年1月9日　第1刷発行

著者　河原雅彦

発行人　西山哲太郎
発行所　株式会社日之出出版
〒104-8505　東京都中央区八丁堀4-6-5
電話03-5543-2220（販売）
03-3495-5520（編集）
振替00190-9-49075
http://hinode.co.jp/
印刷・製本　共同印刷株式会社

Printed in Japan　ISBN978-4-89198-146-4 C0074 ￥1667E